# 우울에서 벗어나는
# 46가지 방법

**The Depression Toolkit:**

**Quick Relief to Improve Mood, Increase Motivation, and Feel Better Now**

By William J. Knaus, Alex Korb, Patricia J. Robinson, Lisa M. Schab, Kirk D. Strosahl

The Depression Toolkit

# 우울에서 벗어나는 46가지 방법

최고의 정신건강 전문가들이 알려주는
가장 과학적인 우울증 해결 '책'

앨릭스 코브 외 4인 지음
제효영 옮김

시심

**일러두기**

● 본문의 각주 중 ○는 참고 문헌, ✔는 옮긴이 주입니다.
● 부록 '도움이 될 만한 추가 자료'는 한국 상황에 맞춰 새로 작성했습니다.

지금 우리는 너무 힘들고 불확실한 시대를 살고 있다. 자연
재해부터 회사의 감원 조치, 업무 자동화, 이전에는 상상도
하지 못했던 전 세계적인 유행병과 이 모든 문제를 두고 벌
어지는 정치적 분열까지. 서글픔과 무력감을 느끼고 기분이
가라앉을 만한 일들이 차고 넘친다.

　아마도 당신은 부정적인 생각이나 상황이 나아질 것
같지 않다는 확신을 떨치고 싶어서, 또는 우울한 마음 때문
에 느껴지는 중압감과 '아무 소용없다'는 생각에서 벗어날
방법을 찾고 싶어서 이 책을 집었을 것이다. 이 책을 읽고
나면 기분이 한결 나아질 것이다. 하지만 그보다 당신이 느
끼는 그런 감정이 당연하다는 사실부터 알아야 한다. 요즘

은 이 세상이든 자신의 감정이든, 아무리 바꾸고 싶어도 바꿀 수 있는 게 없고, 그 무엇도 나아지지 않을 거라는 생각을 '안 하기'가 어려운데, 그렇게 생각하는 것 또한 당연하다. 이 책은 당신이 그런 느낌과 생각에 생산적으로 대처할 수 있도록 도움을 주고자 한다.

우리는 정신건강을 지키는 방법을 정리한 이 책이 이 우울한 시대에 도움이 되리라 믿는다. 이 책은 우울한 생각과 축 가라앉는 감정에서 벗어나 기분이 곧바로 나아질 수 있는 일에 집중하는 방법을 알려준다.

이 얇은 책에는 정신건강 분야 최고의 전문가들이 제시한, 우울감을 줄이는 가장 손쉬우면서도 효과적인 훈련과 기법, 실천 방안이 담겨 있다. 모두 효과가 입증되었고, 실제 치료에도 활용되고 있는 방법들이다. '입증됐다'는 말은 전 세계 여러 연구소가 이 책에서 소개하는 방법들을 시험하고 인정했으며, 지난 수십 년간 도움을 구하러 온 사람들에게 활용되었다는 의미다.

인지행동치료나 수용전념치료, 신경과학을 어느 정도 아는 독자도 있을 것이다. 그런 분들은 이미 이 책이 어떤 도움을 줄 것인지 감을 잡았으리라 생각한다. 물론 이에 관해 전혀 들어본 적 없는 독자들도 필요한 정보를 얻을 수 있으니 염려할 것 없다. 이 책의 목적은 당신의 기분을 나아지게 만들고, 자기 생각을 더 정확하게 이해하도록 도우며, 우리가 자신이 중요하다고 생각하는 것을 중심으로 살아간다는 사실을 분명하게 밝히는 것이다.

이 책은 먼저 우울감을 느낄 때 점점 확대되는 부정적인 생각을 가라앉히는 방법을 소개한 다음, 좀 더 까다로운 단계인 감정 관리를 시작할 수 있도록 안내한다. 가능하면 이 책에서 소개하는 방법을 처음부터 끝까지 순서대로 실천해보길 권한다. 평정심이 어느 정도 생기거나 민감한 마음이 과도하게 반응하던 것이 일반적인 수준에 이르면, 우울감에 대처하는 게 더 수월해진다.

자신에게 필요한 것을 얻는 것이 가장 중요하므로, 당신에게 어떤 방법이 도움이 되는지 이미 알고 있다면 여기서 소개하는 방법을 전부 시도해보지 않아도 괜찮다. 가령 마음챙김 명상이 잘 맞는 사람을 명상 습관을 들이고 그다음 장으로 넘어가자. 이 책에서 소개하는 기술은 각자의 필요에 따라 원할 때 활용하면 된다. 어떤 종류의 우울증이나 생각, 감정이든 유연하게 활용할 수 있는 방법들이므로 상황에 맞게 편히 시도해보고 원하면 건너뛰어도 좋다. 이 책을 커피 테이블처럼 언제든 바로 집어서 펼쳐볼 수 있는 곳에 두면 꼭 필요한 순간에 위안을 얻을 수 있을 것이다.

아주 조금이라도 좋으니 책에서 소개하는 훈련과 각종 기법을 즐겁게 실천해보길 바란다. 그렇지 않아도 괴로운데 즐기라니, 너무 무리한 요구라는 생각이 들 수도 있다. 하지만 일단 최선을 다해 즐기려고 노력해보자. 중요한 건 마음을 계속 열어두는 것이다. 어떤 훈련이나 기법이 자신과 잘 안 맞는다고 느껴지면 다른 방법을 시도해보자. 당신에게 잘 맞는 것이 1순위다.

분명 힘들고 고통스러운 시대지만, 짬을 내어 정신건강을 지키고 돌보는 일까지 괴로울 필요는 없다. 그저 한번 크게 심호흡을 하고, 시작하면 된다.

**차례**

## 2부 기분이 가라앉을 때 빠져나오는 법

## 5부  마음이 힘들 때 잊지 말아야 하는 것들

# 1부

# 부정적인
# 생각에서
# 벗어나는 법

# 긍정적인 생각을 선택하자

## 알아야 할 사실

생각하는 방식은 기분에 직접적인 영향을 준다. 그래서 부정적인 생각을 긍정적인 생각으로 대체하는 연습을 하면 우울한 기분을 누그러뜨릴 수 있다.

퇴근하고 막 집에 도착한 캐머런은 기분이 좋지 않다.

함께 사는 연인은 캐머런의 안색이 좋지 않다는 사실을 알아채고 오늘 하루는 어땠느냐고 묻는다. 캐머런은 좀 당황스러운 일이 있었다고 대답하고는, 지난 분기 실적이 우수해서 상을 받았다고 이야기한다.

연인은 그게 왜 당황스러운 일이냐고 묻는다. 캐머런은 자신이 그 상을 받을 자격이 없으며, 이제부터 수상자답게 일해야 한다고 생각하면 너무 부담스럽다고 설명한다. 그리고 사무실에서 수상을 축하하는 파티를 열기로 했다는 소식도 전한다. 연인이 재미있겠다고 하자, 캐머런은 하필 축하 파티를 안 좋은 기억이 있는 레스토랑에서 하기로 했다고 이야기한다. 전에 만나던 연인과 헤어지기 전 마지막으로 함께 갔던 장소라는 것이다.

그럼 파티 장소를 바꾸자고 제안해보면 어떠냐고 하자 캐머런은 그게 끝이 아니라며, 부서장이 인근 쇼핑몰에 있는 음반 가게 상품권을 선물로 줬는데, 언뜻 적절한 선물처럼 보이지만 그 음반 가게가 있는 쇼핑몰은 너무 시끄럽고 혼잡해서 평소에 절대로 안 가는 곳이라고 말한다.

그러자 캐머런의 연인이 말한다. "어떤 상황이든 상황 그 자체는 좋지도 않고 나쁘지도 않아. 행복하다고 느낄지 우울하다고 느낄지는 우리가 선택하는 거야. 지금 네가 기분이 안 좋은 건 그 상황에서 떠올릴 수 있는 가장 부정적인 생각을 선택했기 때문이야. 좀 더 현실적으로 생각해 봐. 긍정적인 부분을 찾을 수도 있지 않을까? 그럼 기분이 훨씬 나아질 거야." 두 사람은 이 일에 관해 대화를 나누었고, 캐머런은 우울한 생각 중 몇 가지를 바꿔보기로 했다.

'난 상을 받을 자격이 없다', '수상자답게 일해야 한다는 부담감을 느낀다'는 부정적인 생각은 '부서장의 평가를 믿는다. 내게 상을 주기로 했다면 분명 내가 그럴 만한 자격이 있다는 뜻이다'라는 긍정적인 생각으로 바꿨다.

그리고 '안 좋은 기억이 있는 레스토랑에 가야 한다니 불쾌하다'는 부정적인 생각은 '그 레스토랑에 평생 안 갈 수는 없다. 좋은 기억을 새로이 남길 수 있는 절호의 기회다'라는 긍정적인 생각으로 바꿨다.

부정적인 생각을 긍정적인 생각으로 바꾸자 기분도 달라졌다.

## 실천 방법

---

 생각을 바꿔서 기분을 바꾸는 건 아주 간단해 보이지만 항상 마음대로 되지는 않는다. 살다 보면 너무 힘들어서 도저히 긍정적으로 생각할 수 없는 일들도 있다.

 아래의 상황 중 하나를 선택하고, 먼저 그 상황에서 나올 수 있는 말 중에서 기분이 우울해지는 부정적인 말을 써본다. 이어서 같은 상황에서 기분이 좋아질 수 있는 긍정적인 말을 써보자.

- 가족의 막내다.

- 키가 아주 크다.

- 파티에 간다.

- 강아지와 함께 살게 되었다.

- 선거에서 반장으로 선출되었다.

- 날씨가 너무 안 좋아서 휴교령이 내려졌다.

- 구두 보고를 첫 번째 순서로 해야 한다.

- 롤러코스터를 타러 왔는데 줄이 너무 길다.

- 낯선 도시로 이사를 가게 되었다.

이제 지난주에 있었던 일 중에 행복한 일을 생각해보자. 그때의 좋았던 기분을 상기하며 그 일에 관한 긍정적인 생각을 최대한 많이 떠올려보고, 다음으로 그 일과 관련해 떠오르는 여러 생각 중에 기분이 가라앉을 수 있는 부정적인 생각을 두 가지 이상 살펴보자.

순서를 바꿔보자. 지난주에 있었던 일 중에 기분이 안 좋았던 일을 생각해보자. 그때의 안 좋았던 기분을 상기하며 그 일에 관한 부정적인 생각을 몇 가지 떠올려보고, 그 일에서 기분이 좋아질 만한 긍정적인 생각을 두 가지 이상 찾아 빈 종이나 휴대전화의 메모 애플리케이션에 써보자.

특정한 상황을 어떻게 생각할지 선택할 수 있는 유일한 사람은 바로 나 자신임을 기억하자.

# 복식호흡을 해보자

## 알아야 할 사실

숨은 인간이 살아가기 위한 핵심 요소다. 숨을 쉬면 호흡뿐만 아니라 심장박동과 뇌파, 피부 온도를 비롯한 인체의 여러 기본적인 생물학적 기능이 조절된다. 또한 규칙적인 심호흡은 뇌의 투쟁-도피 반응을 낮추는 데도 도움이 된다.

투쟁-도피 반응이 일어나면 마음을 이루는 생각과 감정의 일부가 제멋대로 폭주하고, 이는 민감한 반응을 부추기는 부정적인 에너지의 원천이 된다. 복식호흡은 신경계를 차분하게 만드는 신경 반응 경로를 최적화한다. 그 결과 이성과 감정을 자신에게 유익하고 편안한 방향으로 유연하게 활용할 수 있는 '현명한 마음' 상태가 된다.

불교에서는 이러한 심호흡을 '생명의 숨'이라는 뜻의 산스크리트어인 프라나야마pranayama라고 부른다. 프라나야마의 효과는 얼마나 강력할까? 연구 결과에 따르면 매 호흡을 인식할 수 있는 사람은 실제로 생활할 때 집중력이 향상 되고, 몽상에 잠기거나 딴생각에 몰두하는 일이 줄어들며, 긍정적인 기분을 자주 느끼고, 우울한 기분은 줄어든다고 한다.[o] 게다가 심호흡으로 얻는 이러한 이점은 겨우 2주만 실천해도 얻을 수 있다!

[o]   Levenson, Stohl, Kindy and Davidson, 2014.

## 실천 방법

편안하게 앉아 있을 수 있는 장소를 찾자. 숨을 깊게 쉴 수 있도록 너무 꽉 끼는 옷은 피하자. 편안한 자세로 앉아서 눈을 감고 몇 분간 그대로 머무른다. 처음에는 자연스러운 호흡에 집중한다. 호흡을 바꾸려고 하지 말고, 호흡을 인지한다. 충분한 시간 동안 호흡하면서 현재에 집중한다. 숨을 쉬는 순간이 인생의 현재이며, 서두를 이유는 전혀 없다. 몸이 호흡에 집중하는 것을 원치 않더라도 그냥 숨을 들이쉬고, 내쉰다.

자, 이제 배 속에 풍선이 하나 들어 있다고 상상해보자. 숨을 들이쉬면 풍선 안으로 공기가 들어온다. 당신은 이 풍선을 크게 부풀리고 싶다. 천천히, 깊이 숨을 들이쉬면 풍선이 점점 커진다. 풍선이 커질수록 배 위쪽과 아래쪽에 압박이 느껴진다. 풍선이 빵빵하게 커졌다면, 1초간 그대로 두었다가 숨을 내쉬며 풍선 안의 공기를 빼낸다. 풍선의 공기가 모두 빠져나가면 위아래로 넓어졌던 배 속 공간도 조금 줄어드는 듯하다. 숨을 들이쉬고 내쉴 때 가슴과 어깨는 움직이지 않아야 한다. 가슴과 어깨가 호흡과 함께 오르락내

리락한다면, 숨을 배로 들이쉰다고 상상하면서 가슴과 어깨는 이완된 상태로 가만히 있도록 노력해보자.

이번에는 입을 다물고 코로만 숨을 들이마신다. 코 안으로 들어온 공기가 아래쪽으로 내려가고, 배 속의 풍선이 부풀어 오르는 기분을 느껴보자. 손잡이가 위로 향한 우산과 비슷한 모양의 경로로 공기가 이동한다고 상상해보자. 물음표 모양으로 구부러진 손잡이 끝으로 공기가 들어오고, 콧속을 지나 우산대를 따라 아래로 내려온 후에 풍선 안쪽으로 이동한다. 숨을 내쉴 때는 입을 열고 우산 손잡이를 향해 숨이 거꾸로 이동하는 과정을 떠올려본다. 풍선 안에서 나온 숨이 길고 곧게 뻗은 우산대를 따라 위로 올라가고, 아치 모양으로 휘어진 손잡이를 지나 입으로 나온다.

계속해서 호흡에 집중하면서 코로 들이쉰 숨이 배까지 내려갈 때 어떤 감각이 느껴지는지 살펴본다. 들이쉬는 공기의 온도가 느껴지는가? 숨이 코를 지날 때 어떤 기분이 드는가? 내쉬는 숨이 입술을 지날 때 따뜻한가? 습기가 많은 편인가? 집중력이 흐트러져서 호흡이 아닌 다른 곳으로 의식이 향하면 다시 천천히 호흡에 집중한다. 배 속의 풍선이 부풀어 올랐다가 줄어드는 호흡을 5분간 지속한다.

## 추가로 시도해보기

위와 같은 기초적인 호흡 훈련으로 어떤 경험을 했는가? 배속의 풍선에 의식적으로 공기를 채울 수 있었는가? 호흡할때도 생각이 여기저기 떠다닌다고 느꼈는가? 그럴 때 다시의식을 호흡에 집중할 수 있었는가?

호흡 훈련이 처음에 너무 어렵게 느껴지더라도 좌절하지 말자. 정신이 민감하게 반응하는 편이라면 호흡처럼 아주 간단해 보이는 일도 정신적으로 큰 과제일 수 있다. 앞서 설명한 호흡 훈련이나 각자 마음에 드는 다른 방식의 호흡 훈련을 최소한 매일 한 번은 실천하길 강력히 권장한다. 아침, 점심, 저녁 등 하루에 여러 번 한다면 더 좋다. 연습을 많이 할수록 익숙해져서 현재가 당신의 인생 여정을 지탱하는 단단한 닻이 되어줄 것이다.

# 선물 같은
# 순간들을 찾아보자

## 알아야 할 사실

부정적인 시선으로 미래를 예상하는 일이 습관인 사람들이 있다. 그런 사람들은 안 좋은 일이 벌어질 가능성을 예측하느라 많은 시간을 보내고, 현재 자신에게 일어나는 긍정적인 일을 놓친다. 그러면 기분이 우울해진다. 그럴 때 지금 일어나는 긍정적인 일들에 정신을 집중하면 우울한 기분을 물리칠 수 있다.

엘라나는 성실하게 일하면서 살고 있다. 자신을 아껴주는 친구들과 가족들이 있고, 몸도 건강하다. 하지만 하루하루 점점 우울해지는 것 같다. 뭘 해도 즐겁지 않아서 친구들과 함께 보내는 시간보다 집에서 혼자 컴퓨터 앞에 앉아 있는 시간이 길어졌다. 엘라나가 걱정된 엄마는 딸을 병원에 데려가 보기로 했다.

의사는 건강에는 아무런 이상이 없다고 하면서 엘라나에게 어떻게 지내느냐고 물었다. 엘라나는 자신이 하는 모든 것이 다 소용없는 일처럼 느껴진다고 답했다. 직장에서 성공하고 돈을 더 많이 벌기 위해 많은 시간을 할애하며 살았는데, 매달 날아오는 청구서와 은퇴 후에 필요한 돈을 계산해보니 앞으로는 지금까지 해온 것보다 더 열심히 일해야 한다는 사실을 깨달았다고 덧붙였다. 엘라나는 그렇게 힘들게 일하다가는 심장발작이 와서 죽게 될 것 같다고 말했다. 그렇다면 이게 다 무슨 소용이란 말인가?

엘라나의 시선은 부정적인 생각에 집중되어 있고, 그럴 때 그가 떠올리는 생각들은 왜곡된 현실일 수 있다. 그런 생각이 들면 기분이 좋아질 만한 일들을 하거나 자신을 아끼는 사람들과 만나는 등 침울한 기분에 대처하려는 노력을 하기가 어려워진다.

생각이 자꾸 부정적인 쪽으로 기울 때 우리는 무엇을 할 수 있을까? 우리가 살아가는 매 순간, 마치 선물처럼 기다리고 있는 긍정적인 것들을 찾으려고 노력해야 한다.

## 실천 방법

- **감사 목록 작성하기:** 매일 감사한 일을 최소 다섯 가지씩 써보자. 침구 색깔이 마음에 들어서든 성적이 잘 나와서 친구와 웃으며 이야기할 수 있어서든 감사하다는 내용이면 무엇이든 좋다. 그리고 이 목록을 눈에 잘 띄는 곳에 붙여두자.

- **좋아하는 일 계획하기:** 매일, 그리고 매주 즐겁게 할 수 있는 일들을 목록으로 써보자. 음악 듣기, 반려견과 놀기, 영화 보기, 수영하기 등 당신이 행복해지는 일이면 뭐든 좋다. 그런 다음 그것을 언제 실행에 옮길지 계획을 세워서 매일 기분이 좋아지는 시간을 만들자.

부정적인 생각에서 벗어나는 법

- **지금 하는 일에 집중하려고 노력하기:** 아이스크림을 먹는 중이라면 맛과 식감, 색깔에 집중하고 그 아이스크림이 얼마나 맛있는지에 관해 생각한다. 자전거를 타고 있다면 지금 달리는 길의 느낌과 머리카락이 바람에 흩날릴 때 느껴지는 자유로움 등 자전거를 타면서 얻는 즐거움에 모든 정신을 집중하자.
- **미래를 부정적인 시선으로 보지 않기:** 생각이 안 좋은 쪽으로 흐를 때는 속으로 '그만 해!'라고 외쳐본다. 그리고 지금 일어나는 긍정적인 일로 관심을 돌린다.

앞으로 일주일 동안 이 네 가지를 실천해보자. 일주일이 지나면 감사 목록이 꽤 길어질 것이다. 좋아하는 일을 계획할 때는 현실적으로 매일 또는 매주 실천할 수 있고 진심으로 즐겁게 할 수 있는 일을 고른다. 일주일마다 따로 시간을 내서 생각을 부정적인 쪽에서 긍정적인 쪽으로 돌리려는 노력이 얼마나 효과적이었는지 확인해보자. 그리고 현재에 집중하는 것과 미래에 일어날 일을 상상하는 것 중 어느 쪽으로 생각이 흐르는지 평가해보고 그 이유를 생각해보자.

# 기발한 비유를 찾아보자

## 알아야 할 사실

우울증에 관한 뇌 연구에서 매우 일관되게 확인되는 결과 중 하나는 우울할 때 우측 전두엽의 활성도가 감소한다는 것이다. 뇌의 우측 전두엽은 창의력, 호기심, 상상력, 놀이 같은 막중한 기능을 담당한다. 음악을 듣거나 예술에 몰입

할 때 활성화되는 영역이기도 하다. 우측 전두엽은 즐거운 일이나 자발적으로 하는 일에 반응하는 곳이라서 우울할 때는 기본적으로 동면 상태가 된다. 그때 이 영역을 깨우면 축 가라앉은 기분을 물리치는 효과를 얻을 수 있다.

우측 전두엽을 깨우는 방법으로는 긍정적인 은유나 직유를 활용하기, 시 쓰기 등을 예로 들 수 있다. 불을 꺼두었던 방에 가서 불을 밝히면 그제야 거기에 잠시 머물러도 좋겠다는 생각을 하게 되는 것과 같은 효과다. 뇌의 이 특정 영역을 활성화하는 활동으로 직관과 예술적인 능력을 잠시나마 발휘하면, 생각과 감정을 건설적이고 유익한 방향으로 돌리는 데 도움이 된다.°

'인생은 풍요의 뿔'처럼 대상을 무언가에 비유하는 표현 방식을 은유라고 한다. 우울증과 기분이 안 좋은 상태를 묘사하는 수많은 역사적 은유가 있다. 예를 들어 윈스턴 처칠Winston Churchill은 우울한 기분을 "뒤에서 따라오는 검은 개" 같다고 말했다. "독초 밭 아래 있는 감옥에 간힌 기분"이라는 표현도 있고, "무덤 속에 간힌 기분"이라고도 표현된다.

---

°    Heller and Nitschke, 1997.

우울증에서 벗어나는 일에도 은유를 활용할 수 있다. 가령 우울한 바람이 내려칠 때는 돛의 방향을 바꿔 안전한 항구가 있는 쪽으로 이동하면 된다고 표현할 수 있다. 또는 우울한 감정이 밤하늘을 날아다니는 박쥐라면, 불을 환하게 켜서 쫓아낼 수 있다. 이제 안전한 항구에 다다르거나 박쥐를 쫓아낼 수 있는 구체적인 방법을 찾아보자.

## 실천 방법

1. 메모장을 펼치거나 메모 애플리케이션을 열고 우울증을 은유한 표현 중 가장 마음에 드는 것을 찾아서 써보자. 여러분의 경험을 가장 생생하고 정확하게 나타내는 것, 직접 개입해서 바꿀 수 있을 만한 것을 선택하자.

2. 앞서 우울증을 은유한 것과 대조되는 긍정적인 행위를 은유적으로 묘사해보자. 가령 우울한 바람이 배를 점점 위험한 방향으로 내몬다는 비유를 썼다면, 돛의 방향을 바꾸면 된다고 쓸 수 있다.

## 추가로 시도해보기

연습을 좀 더 확장하고 싶다면 우울한 감정을 시로 표현해볼 수 있다. 절망적인 마음을 각운으로 써보자. 우울증에서 어떻게 벗어나고 싶은지를 시로 써도 된다. 창의적으로 생각해보자.

철학자 아리스토텔레스는 지금으로부터 2500년 전에 인생과 사건에는 처음과 중간, 끝이 있다고 말했다. 우울증도 마찬가지다. 뭘 해야 하는지 배우고, 배운 것을 실행에 옮기면 끝을 앞당길 수 있다. 여러분의 상상력을 최대한 건설적으로 활용하라. 긍정적인 변화를 만들고, 거미줄처럼 얽힌 우울증에서 빠져나올 가능성이 아주 조금이라도 보이는 쪽으로 발을 내디뎌보자. 복잡하고 찐득한 우울증의 덫에 자진해서 걸리거나 그 속에 머무르고 싶은 사람은 없다.

# 우울한 생각은
# 가설로 여기자

## 알아야 할 사실

우울할 때는 '이런 기분이 영원할 것 같다'는 생각을 자주
하게 된다. 그런데 그 생각을 가설로 본다면 어떨까? 그것
을 사실이 아니라 실제로 그런지 확인할 수 있는 문제로 인
식하게 될 것이다. 이제 할 일은 그것이 맞는 내용인지 틀린

내용인지 입증하는 것이다.

그러므로 우울한 생각이 꼬리에 꼬리를 물고 결코 이런 기분에서 벗어나지 못할 것 같다는 생각이 들 때는, 그런 생각을 확실한 사실이 아닌 검증이 필요한 가설로 여겨보자.

## 실천 방법

우울한 생각을 유동적인 가설로 바꿀 때 다음과 같은 방법을 활용해보자.

- **우울한 생각:** 난 제대로 하는 일이 하나도 없어.
  → **가설:** 내가 뭘 하든 다 엉망진창이 될 가능성이 있다.
- **우울한 생각:** 우울한 기분이 절대로 사라지지 않을 것 같아.
  → **가설:** 우울증이 영원히 지속될 가능성이 있다.

떠오른 생각을 가설로 바꾸고 나면, 실제 결과와 훨씬 쉽게 비교할 수 있다. 최근에 했던 우울한 생각 하나를 떠올리고 잠시 그것에 집중해보자. 먼저 그 생각을 가설로 바꾼다. 그리고 그 생각에 들어간 표현에 주목하자. 특히 '뭘 하든'과 '영원히' 같은 단어를 잘 살펴보자. 그리고 가설을 마음속으로 따져본다. 정말로 그렇다고 증명할 수 있는가? 무슨 일이 벌어져야 그 가설이 정확한 사실로 입증될까? 가설들은 아마 굉장히 융통성 없는 내용이거나 범위가 너무 넓어서 사실로 증명할 만큼 데이터를 모으려면 평생이 걸릴 법한 내용일 것이다. 우울한 생각을 뒷받침할 근거를 찾아야 하는 문장으로 바꿔 다시 살펴보면, 생각의 중심에 있는 허구가 눈에 들어온다. 그 생각이 얼마나 허무맹랑한 근거에서 나왔는지 살짝 감지하기만 해도, 그것이 발휘하던 막강한 영향력은 사라질 수 있다.

# 우울한 마음에
# 속지 말자

## 알아야 할 사실

의식적으로 자신을 속이는 사람은 거의 없지만, 많은 사람
이 자신을 기만하는 마음의 습관을 가지고 있다.

그렇다면 우울할 때 자신이 스스로를 기만하고 있다
는 사실을 어떻게 알 수 있을까? 한 가지 방법은 타당성 점

검이라는 간편한 방법으로 자기 생각을 들여다보는 것이다.
이 과정은 다음과 같이 진행된다.

1. 기분이 우울해서 나온 것 같은 생각을 찾아본다.
2. 그것이 타당한 생각인지 따져볼 수 있는 질문 다섯 개를 떠올린다.
3. 질문을 하나씩 던지고, 그렇다 또는 아니다로 간단히 답한다.
4. 결론과 그 결론의 근거를 밝힌다.

예를 들어 당신에게 사업을 하는 바트라는 친구가 있다고 해보자. 그가 회사를 유지하려면 잠시 돈이 필요하다며 돈을 빌려달라고 한다. 사실 바트는 당신에게 빌린 돈을 도박으로 불려 사업 비용을 충당하고, 빌린 돈도 다 갚겠다는 헛된 희망을 품고 있다. 그것은 불가능한 일이며, 돈을 빌려줘도 갚지 못할 것이 분명하다.

- **우울한 생각:** 나는 바트가 나를 배신했다는 사실을 이겨내지 못하고 영원히 괴로워할 거야.

이 우울한 생각이 타당한지 따져보기 위해 다음 다섯 가지 질문을 던져볼 수 있다.

1. **정말 그럴까?:** 일부만 사실이다. 배신은 합리적인 사고 능력이 출중한 사람에게도 부정적인 영향을 준다. 사기를 당해서 만 원만 잃어도 감정적으로 타격을 입는다. 하지만 영원히 괴로워할 것이라는 생각은 너무 과하다.

2. **살면서 충분히 일어날 수 있는 일인가?:** 그렇다. 살면서 배신을 한 번도 당하지 않는 사람은 거의 없다.

3. **알려진 사실이나 확률과 일치하는가?:** 도박꾼에게 돈을 빌려주면 돌려받지 못하리라는 건 충분히 합리적인 예상이다. 그러나 배신의 결과가 영원히 지속되리라는 예상은 별로 합리적이지 않다. 이건 가능성이 거의 없는 일을 확실한 일로 단정 짓는 것과 같다.

4. **그렇게 생각하는 것이 내게 득이 되는가?:** 영원히 고통받을 것이라는 생각은 전혀 득이 되지 않는다.

5. **똑똑하고 이성적인 사람들이 과연 이 생각에 동의할까?:** 바트의 배신에 영향을 받게 되리라는 점에는 대다수가 동의할 것이다. 배신당하고 돈을 잃어서 기분이 나빠질 것이라는 예측이나

바트를 신뢰할 수 없다는 생각도 마찬가지다. 그러나 영원히 고통받으리라는 과도한 일반화와 예측은 사실이라고 볼 수 없다.

종합하면 영원히 괴로울 것이라는 생각은 합리적이지 않음을 알 수 있다. 우울한 기분은 사라질 것이다. 잃은 돈을 돌려받는 일이 생길 수도 있다.

## 실천 방법

타당성 점검을 통해 우울한 생각을 새로운 관점으로 바라보면 자기기만을 없앨 수 있다. 여러분도 해보면 알게 될 것이다. 가장 최근에 떠올린 우울한 생각에 이 방법을 적용해보자.

- 우울해서 나온 것 같은 생각을 찾는다.
- 이것이 타당한 생각인지 따져볼 수 있는 질문 다섯 개를 떠올린다.

  1. 정말 그럴까?

2. 살면서 충분히 일어날 수 있는 일인가?

3. 알려진 사실이나 확률과 일치하는가?

4. 그렇게 생각하는 것이 내게 득이 되는가?

5. 똑똑하고 이성적인 사람들이 과연 이 생각에 동의할까?

- 질문을 하나씩 던지고, 그렇다 또는 아니다로 간단히 답한다.
- 결론과 그 결론이 나온 근거를 밝힌다.

　우울해서 든 생각이 무엇인지 알고, 그 생각을 따로 분류하여 그것이 타당한 생각인지 질문해보는 것은 우울한 감정을 해소하는 데 큰 도움이 된다. 이 방식을 활용하면 유명한 뉴스 진행자나 정치계 인사가 핵심을 슬쩍 비켜 과도한 일반화로 진실을 왜곡하거나 그 밖의 다른 방식으로 편협한 관점을 제시할 때, 그것이 과도한 일반화와 편향 또는 타인을 향한 왜곡된 시선은 아닌지 더욱 주의를 기울일 수 있다. 하지만 무엇보다 중요한 변화는 어떤 일을 바라보는 관점이 다양하다는 사실을 깨닫고 부정적인 생각을 가려낼 수 있게 된다는 점이다. 이게 가능해지면 어떤 일을 어떻게 대할 것인지를 스스로 선택할 수 있다.

# 지금, 현재에 집중하자

## 알아야 할 사실

현재에 집중하고 최대한 현재에 머무르는 방법을 알아보기 전에, 먼저 자신이 과거와 현재, 미래 중 어느 시간대에 살고 있는지부터 확인해보자. 각자 기억하는 가장 오래된 기억, 즉 어린 시절의 기억부터 언젠가 죽음을 맞이할 미래의 순간까지, 혹은 그 이후에도 시간이 쭉 이어진다고 생각해보자. 생각이 어디로 향하면 좋고 어디로 향하면 나쁘다고 판단할 수는 없으므로 그런 건 생각하지 말자. 목표는 민감하게 반응하는 자신의 생각을 들여다보고, 생각이 어느 시간대로 치우치는지 파악하는 것이다.

## 실천 방법

과거부터 미래까지 이어지는 시간을 그림으로 나타내면 현재는 중간에 위치한다. 검지를 현재에 올려두고, 다음 설명을 계속 읽어보자.

| 시간의 흐름 | | | | |
|---|---|---|---|---|
| 먼 과거 | 가까운 과거 | 현재 | 가까운 미래 | 먼 미래 |

먼저 눈을 감고, 온몸을 비운다는 기분으로 몇 차례 심호흡한다. 신경 써야 하는 일과 걱정되는 일은 최대한 멀리 밀어둔다. 머리를 깨끗이 비우고, 현재에 머무르려고 노력

해보자. 생각이 다른 곳으로 향하면 그 상태를 인지하면서 손가락을 움직여본다. 생각이 과거로 향하면 손가락을 왼쪽으로 움직인다. 멀리 어린 시절의 기억이 떠오르면 손가락을 더 왼쪽으로 옮기고, 더 최근의 기억이 떠오르면 다시 현재가 있는 중간과 가까운 쪽으로 손가락을 옮긴다. 생각이 미래로 간다면 손가락을 오른쪽으로 움직인다. 예를 들어 나이가 많이 들었을 때의 삶을 상상하고 있다면 손가락을 오른쪽으로 쭉 옮기고, 다음 달에 있을 친구의 생일 선물 등 그보다는 가까운 미래가 떠오른다면 손가락을 중간 지점과 더 가깝게 옮긴다.

생각이 어디로 흐르든 억지로 방향을 바꾸려 하지 말고 떠다니는 대로 두자. 전체적인 시간의 흐름 중 어느 지점에 있든, 생각이 어디에 머무는지 인식할 수 있는지만 확인하자. 생각을 따라가다가 갑자기 중심을 잃고 혼란스러워진다면 가장 마지막에 했던 생각이나 기억이 어느 시점에 해당하는지 상기한다. 그렇게 천천히, 마음껏 돌아다닐 수 있도록 생각을 풀어두면서 생각이 어디로 향하는지 지켜보자.

부정적인 생각에서 벗어나는 법

눈을 뜨고, 충분한 시간을 들여 다음 질문에 대해 차분히 생각해보자.

- (그림 위에서 손가락을 움직이거나 호흡의 변화로 느낀 결과) 당신은 현재에 얼마나 머물러 있었는가?
- 생각이 현재를 벗어나면 어느 쪽으로 움직이는 경향이 나타났는가?
- 한 번 또는 꾸준히 현재를 벗어나게 만든 특정한 생각이나 느낌, 기억, 감각이 있는가?

훈련 결과 현재에 머무르기 어렵다고 느꼈는가? 사실 대다수의 사람이 2분에서 3분 정도 위와 같은 훈련을 하고 나서 시간이 10분쯤 흐른 것 같다고 이야기한다. 현대사회에는 일부러 시간을 내어 현재에 정신을 집중하는 사람이 거의 없다. 생활하다가 갑자기 정신이 온통 다른 곳에 가 있음을 깨달은 적이 있는가? 자다가 깼을 때 익숙한 침실이 낯설게 느껴지는 것처럼? 누구나 그런 경험이 있다. 생각과 감정, 기억이 마구 섞이는 과정은 자동으로, 그리고 자주 일어난다. 그것이 바로 정신을 현재에 집중하는 연습이 중요한 이유다.

# 끈질기게 따라붙는 생각을 찾아내자

## 알아야 할 사실

과거나 현재 상황 중에 마음이 과도하게 반응하거나 끈질기게 따라다니는 생각이 있는지 곰곰이 짚어보자. 종이를 한 장 준비하고 그런 파괴적인 생각을 최대한 구체적으로 써보자. 다음 항목을 참고하자.

- 나의 안 좋은 성격과 단점.

- 내가 생각하거나 느껴야 하는 것, 또는 기억해야 하는 것.

- 괴로운 문제를 해결하려고 할 때 일어나리라 예상되는 일.

- 내가 느끼는 기분과 내가 마땅히 느껴야 하는 기분의 차이.

- 다른 사람들의 삶과 내 삶의 차이.

- 내가 저지른 실수와 그것이 내 미래에 미칠 영향에 대한 예측.

- 나와 내가 겪는 문제에 대한 다른 사람들의 생각.

- 배우자나 연인, 친구에게 도움 청하기.


## 추가로 시도해보기

이 연습을 통해 깨달은 것이 있는가? 여러 항목에 반복해서 등장하는 주제가 있는가? 끈질기게 따라다니는 것을 넘어 가끔은 정말로 그렇다고 생각하게 되는 일이 있는가? 바로 그것이 끈질기게 따라붙는 생각의 특징이다. 그런 생각은 사람을 통째로 집어삼키고, 거기에 일단 한 번 낚이면 그 생각에서 헤어 나오지 못하고 버둥대게 된다. 빠져나오려고 발버둥 칠수록 끈질긴 생각의 갈고리는 더 깊숙이 박힌다.

부정적인 생각에서 벗어나는 법

이런 끈질긴 생각을 떼어낼 힘을 키우려면 상황을 있는 그대로 볼 수 있어야 한다. 종이에 쓴 내용을 찬찬히 살펴보자. 그리고 항목마다 별명을 붙여보자. 예를 들어 '마땅히 느껴야 하는 기분'을 '더 나은 것을 찾게 만드는 덫'이라고 불러보자. 그렇게 각각의 생각에 별명을 붙이고 나면 파괴적인 생각이 끈질기게 따라붙을 때마다 '아, 이건 덫이지만 나는 더 나은 걸 찾게 될 거야'라고 상기할 수 있다.

# 마음과 능동적인 관계를 유지하자

## 알아야 할 사실

끊임없이 무언가를 생각하고, 느끼고, 기억하고, 감지하면서 살 수는 없다. 그러므로 어떤 생각과 느낌, 기억, 감각과 적당히 거리를 두는 법을 익힐 필요가 있다. 효과가 확실한 한 가지 방법은 마음에게 그런 정보와 지식을 줘서 고맙다고 큰 소리로 인사하고, 마음과 능동적인 관계를 유지하는 것이다. 끈질기게 따라붙는 생각에 붙들려 주저앉는 대신 민감하게 반응하는 마음에 자진해서, 의도적으로 반응하는 방식이다. 이 전략에도 앞서 소개한 별명 붙이기를 활용할 수 있다.

## 실천 방법

마음속에서 유쾌하지 않은 반응이 일어나면 이렇게 말해보자. '고맙다, 마음아. ○○(끈질기게 떠오르는 생각)을 내가 ○○ (생각, 느낌, 기억, 감각)하게 해줘서.' 앞서 실천 8에서 붙인 생각의 별명을 여기서 그대로 사용해도 된다. 마음이 민감하게 반응해 계속 따라붙는 생각이 있다면 큰 소리로 이렇게 말해보자. 헬렌의 경우 자신의 마음에게 아래와 같이 감사 인사를 했다.

- **고맙다 마음아**, 뚱뚱하고 못생긴 애라고 불렸던 걸 **생각나게 해 줘서.**

- **고맙다 마음아,** 내 과거가 엉망인 걸 **생각나게 해줘서.**

- **고맙다 마음아,** 술에 찌든 아빠가 나더러 역겹다고 했던 걸 **기억나게 해줘서.**

- **고맙다 마음아,** 슬프고 두렵다고 **느끼게 해줘서.**

- **고맙다 마음아,** 내가 겁쟁이라고 **생각하게 해줘서.**

- **고맙다 마음아,** 외로움을 **느끼게 해줘서.**


끈질기게 떠오르는 생각을 표현하고 그것에 별명을 붙이면 민감하게 반응하는 마음과 새로운 방식으로 관계를 맺을 수 있다. 마음에 떠오른 생각이 제멋대로 돌아다니도록 내버려두지 말자. 생각은 우리가 마음대로 할 수 있는 것이지 우리를 마음대로 조종하는 것이 아니다. 민감하게 반응하는 마음이 조잘조잘 떠들더라도 멀찍이 거리 두는 법을 익히자. 우울증에서 멀어지고 인생을 되찾기 위해서는 그렇게 하는 방법을 반드시 배워야 한다.

# 사로잡힌 기억과 생각들을 살펴보자

## 실천 방법

감정적으로 부담스러워서 어떻게든 피하고 싶은 관계나 일, 상황이 있을 때 요긴하게 활용할 수 있는 방법을 소개한다. 작은 접착용 메모지를 준비하고, 그러한 상황을 떠올리면서 아래 내용을 곰곰이 생각해보자.

- 사로잡힌 생각.

- 사로잡힌 느낌.

- 사로잡힌 기억.

- 사로잡힌 신체감각.

- 사로잡힌 충동.


떠오르는 것이 있다면 메모지 한 장에 하나씩 쓴다. 쓰고 나면 큰 소리로 읽은 다음, 입고 있는 옷에 붙인다. 그 경험을 처음부터 끝까지 떠올리면서 계속 쓴다. 메모지를 옷에 다 붙였으면 일어나서 거울을 본다. 그리고 눈으로 메모지를 한 장씩 천천히 살펴보면서 다시 읽어본다. 마음속에서 무엇이 떠오르든 억지로 바꾸거나 억누르거나 없애려고 하지 말고 그냥 그대로 둔다.

## 추가로 시도해보기

연습을 하는 동안 자꾸 떠오르는 특정한 경험이 있고, 생각이 거기에 계속 사로잡히는가? 이미 오래전에 다 끝난 일인

부정적인 생각에서 벗어나는 법

데도? 메모지에 쓴 내용을 큰 소리로 읽기만 하고 다른 시도는 하지 않으려고 했는데, 갑자기 생각이 다른 데로 향하고 마음이 민감하게 반응한다는 느낌이 들었는가?

앞서 설명했듯이 끈질기게 떠오르는 경험이라고 해서 다 같지는 않다. 거리를 두고 흘려보내기가 유독 힘든 것도 있다. 그것은 살면서 당신이 무수히 떠올린 생각, 그래서 마음속에 아주 깊숙이 뿌리내린 생각인 경우가 많다. 그런 생각이 떠오르면 그것이 무엇인지 잘 기억해둬야 한다. 치유의 과정에서 분명히 그 생각들을 마주하게 될 것이기 때문이다. 누구에게나 아무도 모르는 비밀이 있다는 사실을 잊지 말자. 그중 하나가 드러났다고 해서 자신을 비난하면 안 된다.

# 햇볕을 쬐어
# 뇌를 뒤흔들어보자

## 알아야 할 사실

비행기에 타면 자리마다 잡지와 안내 자료가 꽂혀 있고, 그 속에는 특정 항공사의 비행기가 닿는 전 세계 모든 도시가 표시된 지도가 있다. 뇌의 신경전달물질도 그와 비슷한 방식으로 체계화되어 있다. 특정 신경전달물질을 분비하거나 그러한 신경전달물질에 반응하는 모든 뉴런을 그림으로 나타내면 그 지도와 비슷한 형태가 된다. 뇌에는 처리하는 정보의 종류마다 제각기 다른 수많은 신경전달물질 시스템이 존재한다. 그리고 이 시스템은 저마다 다른 방식으로 우울증에 영향을 준다.

1960년대에는 노르에피네프린이라는 신경전달물질이 너무 적은 것이 우울증과 관련이 있다고 여겨졌다. 몇 년 뒤에는 세로토닌 결핍이 문제라는 이론이 등장했다. 지금은 우울증이 그보다 훨씬 더 복잡한 문제라는 것이 밝혀졌다. 세로토닌과 노르에피네프린이 관여하는 건 사실이지만, 도파민과 그 밖에 다른 여러 신경 화학물질도 관련이 있다. 종합하면 엄청난 규모의 신경전달물질 시스템이 우울증에 영향을 주고, 우울증의 영향을 받는다. 희소식은 우리가 영향을 주고 흔들 수 있는 시스템도 그만큼 많다는 것이다. 심지어 지금 당장 시도해볼 수도 있다.

## 실천 방법

앞으로 한 시간 동안 다음 내용 중 한 가지를 시도하면서 뇌를 뒤흔들어보자.

- 밖에 나가서 햇볕을 쬐자. 환한 햇볕을 받으면 세로토닌 생성이 촉진된다. 또한 멜라닌 분비가 늘어나서 숙면에 도움이 된다. 실내에 콕 박혀 지내고 있다면 한낮에 몇 분만이라도 밖에 나가보자. 산책도 하고, 음악도 듣고, 그냥 아무것도 하지 않고 햇볕만 듬뿍 쬐다가 들어와도 좋다.

- 행복한 기억을 떠올려보자. 행복한 기억은 세로토닌 분비를 촉진한다. 잠자리에 들기 전에 행복했던 기억을 일기장에 쓰거나, 그냥 가만히 떠올려보는 것도 좋은 방법이다.

# 친구와 함께 시간을 보내자

## 알아야 할 사실

우울하면 혼자 있고 싶어 하는 경우가 많지만, 사실 이럴 때 친구나 가족과 함께 시간을 보내면 우울한 기분이 가라앉는다. 놀랍게도 친구와 가족의 응원을 받으면 항우울제의 효과도 향상된다. 약물 치료를 시작하기 전부터 사회적 지지를 많이 받은 사람은 증상이 줄고 기분이 나아질 확률이 그렇지 않은 사람보다 더 높다는 연구 결과도 있다. 이 연구에서는 우울증 증상이 개선되면 다른 사람을 향한 사회적 지지도 향상되는 것으로 나타났다.[°] 이처럼 주변 사람들의 사회적 지지가 개인의 회복에 도움이 되고, 회복되면 개인의 사회성이 높아지는 건강한 순환이 일어난다.

## 실천 방법

- 친구와 함께 뭔가를 해보자. 우울하면 말도 하기 싫을 때가 많다. 억지로 말하지 않아도 되는 편한 친구와 무엇이든 함께 해보자. 영화를 보러 가거나 보드게임을 하는 것도 좋다. 내키지 않으면 우울증 이야기는 하지 않아도 되지만, 말하고 싶다면 털어놓을 기회가 생길 것이다.

- 낯선 사람과의 대화도 도움이 될 수 있다. 시카고에서 이루어진 한 연구는 버스나 전철로 출퇴근하는 사람들이 처음 보는 사람

°    Joseph et al., 2011.

과 대화할 때와 조용히 앉아 있을 때를 비교했다. 그 결과° 낯선 사람과 이야기를 나누면 사람들의 기분이 더 좋아지는 것으로 나타났다. 연구 참가자 대다수가 처음 만난 사람에게 말을 걸면 상대방이 불쾌하게 받아들일까 봐 염려했지만, 실제로는 양쪽 모두 더 즐거운 마음으로 출퇴근을 할 수 있었다. 그러니 비행기에 탈 일이 생기거나 카페 주문대 앞에 줄을 서 있을 때 근처에 있는 사람에게 말을 걸어보라. 물론 좀 걱정이 되겠지만 분명 좋은 경험이 될 것이다.

○    Epley, Schroeder and Waytz, 2013.

# 2부

# 기분이
# 가라앉을 때
# 빠져나오는 법

# 부정적인 생각은 흘려보내자

## 알아야 할 사실

어떤 문제에 정신이 붙들려 있을 때는 흔히 그 문제를 자꾸 곱씹으면서 무슨 일이 일어날지 걱정하고 최악의 가능성을 상상하게 된다. 그러다 보면 기분이 우울해질 수 있다. 이럴 때 문제를 흘려보내는 법을 익혀두면 우울한 감정에서 벗어나는 데 도움이 될 수 있다.

마크와 케빈은 쌍둥이다. 둘은 닮은 점이 많다. 머리카락 색깔도 같고, 웃을 때 입꼬리가 올라가는 모양도 똑같다. 둘 다 음악을 좋아하고, 스키 활강도 좋아한다. 하지만 굉장히 다른 점이 하나 있다. 바로 힘든 일에 대처하는 방식이다. 마크는 마음이 상하면 집에 몇 시간이고 틀어박힌다. 우울한 기분을 느낄 때도 많다. 반면 케빈은 신경 쓰이는 일이 생기면 다른 사람에게 기분을 털어놓고, 해결할 수 있는 건 해결한 다음 그냥 잊으려고 한다. 계속 생각해봐야 기분만 나빠진다는 걸 알기 때문이다. 그래서 케빈은 마크에 비해 우울한 기분으로 지내는 날들이 훨씬 적다.

부모님이 이사를 한다는 소식을 처음 들었을 때 마크와 케빈은 똑같이 당황했다. 둘은 이 문제에 관해 이야기를 나누었고, 부모님이 지금 사는 집에 계속 살면 좋겠다는 생각에 동의했다. 집으로 돌아간 후, 마크는 부모님이 이사를 하면 생활이 어떻게 바뀔지 오래도록 생각했다. 그는 생길 수 있는 힘든 일들을 하나부터 열까지 생각하다가 결국 우울한 기분으로 잠들었다. 다음 날 아침이 되어도 기분은 개운하지 않았고 출근은 더더욱 하기 싫었다.

케빈도 이사 소식이 황당한 건 마찬가지였다. 큰 변화인 만큼 앞으로의 생활에 어떤 영향을 줄지, 그리고 그가 얼마나 부모님을 그리워하게 될지에 대해 생각했다. 그는 제일 친한 친구 집에 찾아가서 이 일에 대해 이야기를 나누었다. 한참을 이야기한 끝에 케빈은 이렇게 말했다. "하지만 내가 바꿀 수 있는 일은 아니잖아. 어쨌든 우린 오늘 영화를 보기로 했으니까, 어서 나가자." 둘은 즐겁게 영화를 봤고 케빈은 기분이 한결 좋아져서 집에 돌아왔다. 그는 부모님의 이사 문제로 마음이 슬퍼지거나 걱정될 때마다 친구들에게 이야기하거나 다른 일을 하면서 생각의 방향을 돌렸다.

두 사람은 같은 상황에 놓였지만, 마크는 부정적인 생각에 붙들려 기분이 우울해졌고, 케빈은 그런 생각을 사람들에게 이야기한 후 흘려보낸 덕분에 더 나은 기분으로 지낼 수 있었다.

## 실천 방법

케빈은 부정적인 생각이 들면 다른 사람에게 이야기한 다음 생각을 다른 쪽으로 돌려서 흘려보낼 수 있었다. 안 좋은 생각을 흘려보낼 수 있는 유용한 방법은 이 외에도 많다.

종이를 여러 장 준비하고, 최근에 기분을 우울하게 만든 문제를 종이마다 하나씩 써보자. 최대한 자세히 쓰는 것이 좋다. 다 쓴 다음에는 아래 방법 중 한 가지를 골라 문제를 물리적으로 없애보자.

- 종이를 잘게 찢은 다음 쓰레기통에 버린다.
- 파쇄기로 종이를 잘게 자른다.
- 다른 사람에게 종이에 쓴 내용을 읽어준 다음, 당신이 보는 앞에서 찢어달라고 부탁한다.
- 벽난로에 종이를 넣고 태워서 없앤다.
- 긴 막대기에 종이를 끼워서 그릴에 대고 태운다.
- 화장지에 쓴 다음 변기에 넣고 물을 내린다.

## 추가로 시도해보기

아무에게도 방해받지 않는 곳에 편안히 자리를 잡고 앉는다. 눈을 감고, 다음 중 하나를 골라 최대한 생생하고 자세하게 상상해본다.

- 고민을 상자에 넣고 튼튼한 테이프와 밧줄로 상자를 밀봉한다. 그런 다음 상자를 강력한 로켓에 부착한다. 집이나 나무 등 방해물이 없는 야외로 로켓을 가져간다. 로켓에 불을 붙이고 뒤로 물러난다. 곧 로켓이 발사되고, 엄청난 속도와 힘으로 하늘 멀리 날아가는 모습을 지켜본다. 로켓에 달아놓은 상자도 빠른 속도로 힘차게 멀어진다. 이를 눈에 보이지 않을 때까지 계속 지켜본다. 로켓은 지구 중력이 닿지 않는 지점을 지나 우주로 더 멀리 날아간다. 그 모습을 보면서 이렇게 말해보자. '나는 이 문제를 흘려보낼 거야. 더 이상 날 우울하게 만들도록 내버려 두지 않을 거야.'

- 고민을 상자에 넣고 튼튼한 테이프와 밧줄로 상자를 밀봉한다. 그런 다음 상자를 지금 사는 곳과 멀리 떨어진 곳으로 가져간다. 바다 앞에 선다. 기온이 따뜻한 날이라면 금방 허물어질 듯한 낡은 뗏목에 상자를 올려놓는다. 추운 날이라면 곧 녹아 없어질 듯한 부빙 위에 상자를 올려놓는다. 그런 다음 뗏목이나 부빙을 힘껏 민다. 물살을 따라 상자가 점점 더 멀리 떠내려간다. 상자가

점점 작아지다 보이지 않을 때까지 지켜본다. 그 모습을 보면서 이렇게 말해보자. '나는 이 문제를 흘려보낼 거야. 더 이상 날 우울하게 만들도록 내버려 두지 않을 거야.'

위와 같은 연습을 필요한 만큼 얼마든지 해볼 수 있다. 다른 방법을 시도해봐도 좋다. 위의 두 방법이 별로 도움이 되지 않는다면 또 다른 방법을 시도해보자. 종이에 문제를 쓴 후 종이를 없애는 것처럼, 안전한 방식으로 문제를 없애고 그 과정을 시각화하는 자신만의 방법을 찾아보자.

# 건강한
# 자존감을 키우자

## 알아야 할 사실

자신을 평가하는 방식과 자신에게 매기는 점수에서도 자존감
이 드러난다. 자존감이 건강한 사람은 긍정적이면서도 현실
적으로 자신을 평가한다. 반면 자존감이 건강하지 않은 사람
은 지나치게 부정적인 시선으로 자신을 바라보는 경우가 많

다. 자존감이 건강하면 우울한 기분을 느낄 확률도 줄어든다.

## 실천 방법

다음 순서대로 자존감의 상태를 알아볼 수 있다. 먼저 스스로를 어떻게 평가하는지 점수를 매겨보자. 1점은 자신에게 느끼는 감정 중 가장 나쁜 상태를, 10점은 자신에게 느끼는 감정 중 가장 좋은 상태를 뜻한다.

1 - 2 - 3 - 4 - 5 - 6 - 7 - 8 - 9 - 10

그다음으로 종이를 한 장 준비하고 세로선을 하나 긋는다. 왼쪽에는 스스로 좋다고 느끼는 자신의 내적 특징을 써보고, 오른쪽에는 스스로 안 좋다고 느끼는 내적 특징을 써보자. 당신은 친구들에게 어떤 사람인지, 솔직한 편인지 기만적인 편인지, 유머 감각이 뛰어난지, 실패를 깨끗이 받아들이지 못하는 편인지 등 무엇이든 좋다.

다 썼다면 왼쪽 아래에 왼쪽에 쓴 특징 덕분에 잘하는

일을 써보자. 그리고 오른쪽 아래에는 오른쪽에 쓴 특징을 개선하기 위해 해야 하는 일을 써보자. 축구 하기, 제때 방 청소하기, 반려동물 돌보기 등 뭐든 포함될 수 있다.

표 왼쪽에 쓴 항목(긍정적 특징)이 오른쪽에 쓴 항목(부정적 특징)보다 적다면, 왼쪽을 더 채워보자. 떠오르는 것이 없다면 친구나 가족에게 도움을 청해보자. 왼쪽 칸이 오른쪽 칸만큼 채워질 때까지 생각해본다.

| 긍정적 특징 | 부정적 특징 |
|---|---|
| • | • |
| • | • |
| • | • |
| • | • |

| 잘 하는 일 | 개선하기 위해 해야 할 일 |
|---|---|
| • | • |
| • | • |
| • | • |
| • | • |

마지막으로 채워진 표를 보면서 자신에 대한 평가 점수를 다시 체크해보자.

1 - 2 - 3 - 4 - 5 - 6 - 7 - 8 - 9 - 10

## 추가로 시도해보기

첫 평가 점수에 관해 곰곰이 생각해보자. 처음 점수와 두 번째 점수가 다르다면, 그 이유가 무엇이라고 생각하는가?

자존감이 더 건강해졌다고 느끼는가? 자신을 더 긍정적으로, 또는 더 부정적으로 보게 됐다면 특별한 이유가 된 일이나 사람이 있는가?

자존감의 상태가 행복한 기분이나 우울한 기분에 어떻게 영향을 주는가? 자신을 보는 관점을 어떻게 바꾸면 더 건강한 자존감을 가질 수 있다고 생각하는가?

다른 사람의 의견을 구했다면, 자신의 강점과 부족한 점을 사람들에게 물을 때 어떤 기분이 들었는가?

장점에 치중하면 오만해진다고 생각하는 사람들도 있

다. 하지만 자신의 장점을 다른 사람들에게 수시로 떠벌리면서 부족한 점은 인정하지 않는 것이 오만함이다. 건강한 자존감은 현실적이어야 한다. 즉 자신의 장점과 부족한 점을 전부 인식하고, 받아들이고, 인정할 줄 알아야 한다.

# 신나는 일을 찾아보자

## 알아야 할 사실

우리는 다양한 활동으로 우울한 감정을 물리칠 수 있다. 중요한 건 자신에게 잘 맞는 활동을 찾는 것이다.

우울한 감정과 같은 힘겨운 문제를 물리치려 애쓰기만 하기엔 우리의 인생이 너무나 무궁무진하다. 의미 있는 목표를 세우고 그것을 이루려고 노력하는 데 더 많은 시간을 쓰면 우울한 생각과 감정, 행동 습관에 파묻혀서 보내는 시간이 줄어든다.

긍정적인 일이나 열정적으로 추진할 수 있는 일로 우울감을 물리치기에 너무 이르거나 늦은 때는 없다는 사실을 명심하자. 열정적으로 시도한다는 건 우울감을 깨뜨리기 위해 계획적으로 노력하는 것 이상을 의미한다. 즉 날아다니는 나비를 지켜보는 것에 그치지 않고 나비를 연구하거나, 나비의 자연 서식지를 찾아가서 온종일 또는 일주일 내내 직접 나비를 찾아보는 일과 같다.

예전에 즐겁게 하던 일을 다시 해보면 흥미가 되살아나고 우울한 감정이 완화될 수 있다.

## 실천 방법

긍정적인 활동을 하면 안 좋은 생각에서 벗어나 기분을 전환할 수 있다. 우울하지 않을 때 즐겨하던 간단한 활동을 목록으로 만들어보자. 따뜻한 물에 몸 담그기, 새에게 먹이 주기, 좋아하는 노래 듣기 등이 포함될 수 있다. 최대한 많이 써보자. 항상 하던 일도 좋고, 한 번밖에 해보지 않았지만 정말 좋았던 일도 괜찮다. 어떤 일을 언제 할지 구체적인 일정을 세우고 매일 실천해보자.

이 목록을 예전에 즐기던 일을 다시 시작하는 계기로 활용하는 것도 좋다. 당장은 별로 내키지 않더라도 그 일을 다시 시도해보자. 친구와 함께하면(실천 12 참고) 세로토닌 분비가 촉진되는 효과도 얻을 수 있다.

# 바꿀 수 있는 것과 없는 것을 구분하자

## 알아야 할 사실

'평온을 구하는 기도 The Serenity Prayer'✔를 들어본 적 있는가? 이

---

✔   신학자 라인홀드 니부어 Reinhold Niebuhr가 설교에 쓰려고 작성한 기도문. 금주 협회
    에서 채택한 이후 널리 알려졌다.

기도에는 "내가 바꿀 수 없는 것을 받아들일 힘을 주소서"라는 구절이 있다. 이 구절에는 많은 지혜가 담겨 있다. 그러나 우울한 감정에 빠져 있을 때는 바꿀 수 있는 일과 바꿀 수 없는 일을 구분하지 못하거나, 바꿀 수 없는 것을 받아들일 용기가 생기지 않을 수도 있다.

아래는 '평온을 구하는 기도'의 관점에서 빌의 상황을 정리한 내용이다. 여러분이 보기에 빌은 현재 상황 중 바꿀 수 있는 것과 그럴 수 없는 것을 잘 구분하고 있는가? 마음대로 할 수 없는 일을 받아들이고 통제할 수 있는 일을 통제하려고 하는가? 빌이 바꿀 수 없는 일에는 받아들여야 할 일acceptance이라는 의미의 A를, 빌이 통제할 수 있는 일에는 통제control를 뜻하는 C를 표시해보자.

### 〈빌의 인생에서 벌어진 사건 혹은 빌이 처한 상황〉

1. 빌은 업무 중에 다쳤다.

2. 매일 요통에 시달린다.

3. 장애 연금을 신청했지만 받을 수 없다는 결과를 받았다.

4. 통증이 너무 심해서 아무 일도 못 할 것 같다는 생각이 든다.

5. 직업 재활 훈련은 받지 않기로 했다.

6. 허리 수술을 받았지만 결과가 좋지 않아 통증이 더 심해졌다.

7. 통증 때문에 소파에 누워서 보내는 시간이 길다.

8. 빌은 교회에 가지 않는다.

9. 통증 때문에 규칙적으로 운동을 할 수 없다.

10. 통증을 줄이는 마약성 진통제의 복용량이 점점 늘고 있다.

11. 허리에서 타는 듯이 뜨겁고 콕콕 찌르는 통증이 느껴진다.

12. 다리가 저리고 아무 감각이 없을 때도 있다.

13. 통증을 느낄 때면 화가 나고 짜증이 난다.

14. 빌은 다쳤을 때의 일을 기억하고 있다.

15. 빌은 어떻게 하면 부상을 피할 수 있었을지 생각한다.

16. 아이들에게 소리를 지른다.

17. 아내에게 퉁명스럽게 군다.

18. 허리 통증 때문에 아내와 성관계가 불가능하다.

19. 빌은 자신의 인생이 잘못됐으며, 이것이 부당하다고 생각한다.

20. 그냥 죽는 편이 낫겠다고 생각한다.

## 추가로 시도해보기

빌이 처한 상황을 살펴보면, 통제할 수 있는 부분이 상당히 많다는 사실을 알 수 있다. 소파에서 보내는 시간이 긴 것, 교회에 가지 않는 것, 매일 운동을 하지 않는 것, 진통제 복용량이 느는 것, 아내와 아이들을 대하는 태도, 아내와의 성관계는 그가 바꿀 수 있는 일이다. 통증을 근거로 예상하는 여러 상황들도 정말 그런지 이의를 제기해볼 수 있다. 직업 재활 훈련을 시도해볼 수도 있다. 혹시 이런 설명이 뜻밖이라고 생각하는가?

자, 이제 빌이 직접 통제할 수 없는 사건과 경험을 살펴보자. 신체감각, 통증이나 개인사와 관련해 자연스럽게 떠오르는 생각, 감정, 기억이 이 범주에 해당한다. 통증에 시달리면 누구나 부정적인 감정과 생각을 포함하는 주관적인 경험을 하게 된다. 고통을 느끼는 순간에는 불쾌한 느낌과 생각, 이미지가 떠오르고, 억누르거나 피하려고 하면 더욱 선명해지기도 한다. 그럴 때는 그런 변화를 가만히 관찰하고, 자신이 가진 가치에 따라 어떻게 반응할지 판단하는 것이 좋다.

빌처럼 우울한 상황에 놓였다면 바꿀 수 있는 것과 바꿀 수 없는 것을 구분해보자. 현재 상황이나 주관적인 경험이 바꿀 수 없는 것이라면, 그것을 경험하는 방식에서 결정할 수 있는 부분이 있는지 찾아보자. 우울증은 불쾌하고 힘든 일이다. 그러나 의지와 동기를 갖고 대응한다면 갇혀버린 기분에서 좀 더 수월하게 벗어날 수 있다.

# 수면 위생을
# 개선하자

## 알아야 할 사실

여러 연구에서 수면 위생에 관한 지식이 수면 위생 개선을
돕고, 또 그만큼 수면의 질이 향상되는 것으로 밝혀졌다.[o]

o    Brown, Buboltz and Soper, 2002.

이 글을 읽는 것만으로도 이미 여러분은 올바른 방향을 찾은 셈이다. 밤에 잠을 잘 잘 수 있도록 뇌를 준비시키는 몇 가지 구체적인 요령을 소개한다.

## 실천 방법

- **8시간을 쭉 자야 한다.** 대부분의 사람은 최소 8시간을 자야 한다. 대체로 나이가 들면 수면 시간이 줄어든다. 대학생에게 필요한 수면 시간은 8시간 24분이고, 연금을 받는 나이가 되면 7시간만 자도 괜찮은 정도가 된다. 중요한 건 한 번 잠을 잘 때 깨지 않고 쭉 자야 한다는 것이다(밤에 7시간을 자고 낮에 1시간 낮잠을 자는 건 8시간을 쭉 자는 것과 다르다). 그러므로 낮잠 자는 습관은 버리자. 매일 밤 숙면하면 낮잠 자고 싶은 생각도 사라진다.

- **침대와 침실은 잠자는 공간으로만 써야 한다.** 침대나 침실에서는 일하지 말자. 인터넷도 금지다. 텔레비전 시청도 안 된다. 침실을 오로지 잠자는 용도로만 사용하면 뇌가 침대와 잠 사이에 연관 관계를 형성하여 파블로프 조건화처럼 침대에 누우면 잠이 온다. 물론 섹스는 금지 항목에 포함되지 않는다.

- **자기 전에 미리 준비하는 습관을 들이자.** 잘 시간이 되면 정신없이 보낸 하루에서 떨어져 나와야 한다. 우리 뇌의 전전두엽 피질은 긴장을 풀 시간이 필요하다. 이것저것 바쁘게 하다가 갑자기 침대로 뛰어들면 잠들기가 어렵거나 수면의 질이 떨어질 수 있다. 양치질과 세수를 마친 다음, 잠들기 전에 몇 분 정도 책을 읽어보자. 또는 허브차를 한 잔 마시거나 아이들에게 책을 읽어주거나, 기도를 해보자. 편안하게 휴식할 수 있는 활동이라면 뭐든 좋다. 명상도 도움이 될 수 있다. 섹스도 괜찮지만 매일 실천할 수 있는 습관으로 삼기는 힘들다.

- **잘 시간이 가까워지면 카페인은 피하자.** 카페인 섭취와 상관없이 잠을 잘 자는 사람이라도 카페인은 수면 구조(비렘수면과 렘수면 주기)의 방해 요소로, 수면의 질을 떨어뜨린다. 그러므로 잠들기 몇 시간 전부터는 홍차나 녹차, 커피, 에너지 음료를 마시지 말자.

- **음식은 적당히 먹자.** 잠들기 세 시간 전에는 과식하지 말아야 한다. 소화 작용은 수면을 방해할 수 있고, 누워 있는 자세에서는 위산이 역류하기 쉽다. 하지만 배가 고프면 쉽게 잠들지 못하는 사람은 간단한 음식을 조금 먹어도 된다. 갈증도 마찬가지로 수면을 방해할 수 있으므로 잠들기 전에 물을 두어 모금 마시자.

그렇다고 물 한 컵을 전부 마시면 한밤중에 방광이 당신을 깨울 것이다.

- **술이 습관적인 수면 보조제가 되어서는 안 된다.** 맥주 한 캔, 와인 한 잔이 더 빨리 잠드는 방법처럼 느껴지더라도 알코올은 수면 구조를 교란하므로, 술을 마시면 숙면을 취할 수 없다. 무엇보다 술을 잠들기 위한 수단으로 자주 활용할수록 그 효과는 떨어진 다. 최근에는 알코올 남용이 우울증일 때 나타나는 서파 수면°
  시간 감소와 렘수면 시간 증가 같은 결과로 이어질 수 있다는 사 실도 밝혀졌다.

- **운동을 하자.** 규칙적인 신체 활동을 일상생활의 한 부분으로 만 들자. 운동을 하면 생체 시계가 24시간 주기에 맞춰지고, 스트 레스가 줄며, 렘수면 시간도 줄어든다. 운동은 그 밖에도 수많은 신경화학적 변화를 유도한다. 단, 잘 시간이 가까울 때 운동하면 쉽게 잠들지 못할 수 있으므로 잠자리에 들기 몇 시간 전에 운동 을 마쳐야 한다.

---

○   수면 단계는 크게 렘수면과 비렘수면으로 나뉘고, 서파 수면은 비렘수면 중에서 도 느린 뇌파인 델타파가 흐르는 깊은 수면 단계를 가리킨다. 전체 수면 시간의 75~80%를 차지하는 비렘수면은 신체 회복에 중요한 단계로 여겨지며, 서파 수 면에 이르면 호흡, 심장 박동, 호흡수, 혈압이 하루 중 가장 낮아진다.

      **기분이 가라앉을 때 빠져나오는 법**

# 비관적인 생각을
# 뒤집어보자

## 알아야 할 사실

비관적인 기분일 때는 사명이니 목표니 하는 소리가 전부 남의 일처럼 느껴질 수 있다. 너무 우울해서 그런 건 신경 쓸 여력이 없다고, 무언가를 실행에 옮기기에는 너무 무기력하다고 느낄지도 모른다. 부정적인 생각의 늪에 너무 깊이 빠지면, 오직 자신을 향해서만 흐르는 생각의 방향을 객관적으로 관찰하는 시각으로 바꾸고 싶어도 어디서부터 어떻게 시작해야 할지조차 알 수가 없다.

좌절감을 느낄 때야말로 자멸적인 생각과 믿음을 알아차리고 해결해서 비관적인 성향을 낙관적인 성향으로 바꿀 절호의 기회다. 우울한 생각은 꼬리에 꼬리를 물고 이어지는 경향이 있다. '난 길을 잃었어.' '날 인정해주는 사람은 아무도 없어.' '이젠 못 견디겠어.' '이런 기분을 도저히 감당할 수 없어.' '난 쓸모없는 인간이야.'

절망감을 주는 이런 비관적인 생각을 뒤집으면 우울증을 물리치는 긍정적인 목표로 바꿀 수 있다.

| 우울할 때 드는 부정적인 생각 | 긍정적인 목표로 바꾸기 |
| --- | --- |
| 난 길을 잃었어. | 방향을 찾아보자. |
| 날 인정해주는 사람은 아무도 없어. | 인정해주는 사람이 있는지 생각해보자. |
| 난 이 우울한 기분에서 절대로 벗어나지 못할 거야. | 진짜 그럴 거라는 근거가 있는지 따져보자. |
| 이런 기분을 도저히 감당할 수가 없어. | 싫어도 조금 참는 법을 배워보자. |

## 실천 방법

머릿속에 떠오른 부정적인 생각을 종이나 수첩, 휴대전화의 메모 애플리케이션에 쓴 다음 하나씩 뒤집어서 긍정적인 목표로 바꿔보자. 비관적인 생각을 기록하고 낙관적인 생각으로 바꿔 쓰면서 생각 자체도 바꿔본다.

# 나의 결점을 좋아해보자

## 알아야 할 사실

이번에는 자신의 결점에 연민을 갖는 연습을 해보자. 실제로 존재하는 결점과 상상에 지나지 않는 결점이 모두 해당한다. 우리가 자책하며 단점을 꼬집을 때 두드러지는 내용은 기본적으로 두 종류로 나뉜다. 첫 번째는 받아들일 수 없다고 생각하는 특징으로, 가령 머리숱이 점점 줄어드는 것, 스트레스를 받으면 말을 더듬는 것, 다른 사람들처럼 흥미로운 구석이 없다는 것 등이 있다. 두 번째는 자신에게 부족하다고 믿는 것으로, 외모가 멋지지 않다는 것, 사회성을 발휘해야 할 상황에서 자신감이 없는 것, 사람들 앞에서 말하는 능력이 부족한 것 등이 있다.

## 실천 방법

몇 분간 곰곰이 생각해보고 자신이 가장 싫어하는 자신의 결점을 위와 같이 두 종류로 나눠보자. 그리고 그 결점을 정확히 기술하고, 어떤 점이 싫은지도 생각해보자.

이제 결점을 찾았으니 흠 있는 사람이 되는 연습을 해볼 차례다. 자신의 결점을 하나씩 큰 소리로 읽고 마지막에 "그런데 나는 나의 이런 점이 좋다!"라는 말을 덧붙여보자. 최대한 진심을 담아, 정말로 그렇게 믿는 것처럼 말해본다. 마음을 편안하게 먹고 거부감이 들면 흘려보내면서, 마음에 안 들더라도 진심으로 그 점을 사랑하려고 노력해보자.

자신의 싫은 점도 진심으로 아낄 수 있게 되었는가? 마음이 민감하게 반응해서 그런 결점은 용납할 수 없다는 생각이 올라오면, 그 마음의 소리가 끝날 때까지 기다렸다가 그런 마음과 거리를 두고, 차분하게 다시 자신을 사랑하려고 노력한다(실천 9 참고). 심지어 민감하게 반응하는 마음도 종이에 써서 나의 결점으로 인정하고 좋아하기로 마음먹을 수 있다. 항상 자신을 냉정히 평가하려는 민감하게 반응하는 마음까지도 좋아하기로 결정할 수 있는 결점의 일부라는 뜻이다. 정말 멋진 방법 아닌가?

# 충동적인 행동은
## 피하자

## 알아야 할 사실

슈퍼마켓 계산대에 줄을 서 있다고 상상해보자. 계산대 근처 진열대에는 맛있어 보이는 초콜릿도 있고 잡지도 있다. 오늘 사기로 한 물품 외에 다른 건 절대로 사면 안 될까? 초콜릿 하나 정도는 추가해도 되지 않을까?

충동을 이해하는 중요한 열쇠는 무엇에든 즐거움을 느끼면 뇌의 측좌핵이라는 특정 영역에서 도파민이 분비된다는 것이다. 섹스를 하면 도파민이 분비된다. 도박에서 돈을 따거나 마약을 할 때, 초콜릿을 먹을 때도 마찬가지다.

뇌의 더욱 흥미로운 점은 즐거움을 주는 일과 그 일로 기대할 수 있는 즐거움을 학습한다는 사실이다. 예를 들어 태어나 처음으로 초콜릿을 먹을 때는 먹고 있을 때 도파민이 분비된다. 그다음에는 초콜릿의 포장을 벗기자마자 도파민이 분비되고, 그다음에는 방 저쪽에 놓여 있는 초콜릿을 보기만 해도 도파민이 분비된다. 그러다 나중에는 슈퍼마켓에 들어서자마자 포장을 뜯고 초콜릿을 먹을 거라는 상상만으로도 도파민이 분비된다.

이처럼 뭔가를 하거나 느끼면 특정한 즐거움을 얻을 수 있으리라는 기대가 충동을 일으킨다. 문제는 즐거움을 얻게 되리라는 예상으로 도파민이 분비되면, 도파민 자체가 행동의 동기가 된다는 사실이다. 즐거움에 가까워질수록 도파민의 분비량도 조금씩 늘어나 다음 단계를 부추긴다.

우리가 동굴에서 생활하는 원시인이라면 이런 충동은 별로 문제가 되지 않는다. 인생이 훨씬 단순하기 때문이다.

맛있어 보이는 게 있으면 최대한 많이 먹고, 기분이 좋아질 만한 것이 생기면 마음껏 즐겨도 된다. 그러나 요즘처럼 쉽게 즐거움을 얻을 수 있는 세상에서 그렇게 했다가는 도파민이 머릿속을 온통 장악하여 즉각 즐거움을 느낄 수 있는 일만 하려는 경향이 생길 수 있다.

우울증이 있는 사람은 더 큰 문제가 된다. 우울증에 걸리면 대체로 뇌의 도파민 활성도가 감소한다. 그 결과 두 가지 문제가 발생한다. 첫째, 즐겁다고 느끼던 일들이 더 이상 즐겁지 않다. 둘째, 도파민 활성도가 줄어서 불량 식품, 마약, 도박, 포르노처럼 도파민이 다량 분비되는 일을 할 때만 즐거움을 느낀다. 결국 즉각적으로 가장 큰 즐거움을 느낄 수 있는 일만 하려는 충동이 생긴다. 장기적으로 볼 때 이런 충동은 유해하다. 충동은 대부분 쉽게 구분할 수 있지만, 나쁜 습관으로 고착되면 지금 하려는 행동이 충동적이라는 사실을 인지하기가 어려워진다.

# 실천 방법

1. **충동을 자극하는 요소가 무엇인지 찾아보자.** 유혹에 저항하는 것보다 유혹을 피하는 게 훨씬 쉽다. 특정한 습관을 부추기는 요소가 무엇인지 알면 그 요소를 없애는 방식으로 습관을 깨뜨릴 수 있다. 예를 들어 빌리는 텔레비전을 너무 많이 보는데 그렇게 만드는 자극 요소가 텔레비전 자체라는 사실을 깨달았다. 그래서 텔레비전을 침실에서 없애버렸고, 텔레비전을 지나치게 오래 보는 문제에서 벗어났다. 쿠키를 그만 사야겠다고 생각한다면 슈퍼마켓에 갔을 때 쿠키가 진열된 쪽으로 아예 가지 않으면 된다. 맛있는 과자가 잔뜩 진열된 모습을 보면 도파민이 분비되고 결국 사게 된다.

2. **심호흡을 하자.** 자신에게 안 좋은 습관임에도 하고 싶어서 몸이 근질거리거나 충동이 느껴진다면 심호흡을 하자. 숨을 천천히 내쉬고, 다시 깊이 들이마신다. 필요한 만큼 호흡을 반복하자. 천천히 길게 숨을 쉬면 뇌의 스트레스 반응이 가라앉는다.

3. **실천 3에 나온 활동을 살펴보자.** 즐겁게 할 수 있는 활동을 목록으로 써보자. 몇 시간씩 텔레비전 보기, 과식하기처럼 나쁜 행동을 하고 싶은 충동을 느낄 때마다 그 목록을 펼쳐보자.

# 운동을 하자

## 알아야 할 사실

운동은 근육뿐만 아니라 뇌도 튼튼하게 만든다. 운동을 하면 새로운 뉴런이 자란다는 사실이 수많은 연구로 입증됐다. 미국 텍사스주의 한 연구진은 운동이 쥐에게 어떤 영향을 주는지 살펴보기 위해 쥐를 자발적으로 달리는 그룹과

강제로 달려야 하는 그룹, 달리지 않는 대조군 등 세 그룹으로 나누고, 첫 번째 그룹 쥐들은 달리고 싶을 때 원하는 속도로 달리도록 했다. 두 번째 그룹의 쥐들은 연구진이 정한 속도대로 달리도록 했고, 대조군 쥐들은 전혀 달리지 않았다.°

　　연구 결과 달리기를 한 두 그룹의 쥐들은 모두 해마에서 새로운 뉴런이 크게 발달했다. 해마는 뇌에서 학습과 기억력을 담당하는 영역이다. 또한 자발적으로 운동한 그룹이 강제로 운동한 그룹보다 새 뉴런이 더 많이 발달한 것으로 나타나, 억지로 하는 것보다는 능동적으로 운동을 하는 것이 더 유익하다는 사실을 알 수 있었다. 또한 헬스장에서 러닝머신 위를 달리는 건 운동을 전혀 안 하는 것보다야 훨씬 낫지만, 공원에서 달리는 것만큼 유익하지는 않을 수 있다. 중요한 건 원래 하던 것보다 조금 더 나은 방향으로 나아가려고 사소하게나마 노력하고 애쓰는 것이다.

---

° 　　Leasure and Jones, 2008.

## 실천 방법

---

처음에는 시범 기간을 두는 것이 좋다. 운동 강좌에 등록하고, 첫 3일은 빠지지 말고 무조건 운동하자. 헬스장에 등록했다면 첫 2주 동안은 월요일, 수요일, 금요일에 무조건 가기로 자신과 약속하자. 운동을 도저히 할 수 없을 만큼 피곤해도 일단 헬스장에 가자. 주차장에 차를 대고, 헬스장에 들어가 운동복으로 갈아입고, 5킬로그램짜리 아령을 집어 들자. 거기까지 해보고도 도저히 피곤해서 못 하겠으면 그만해도 된다. 그 정도면 자신과의 약속을 지켰다고 볼 수 있으니 집에 가서 쉬어도 된다.

# 친구들을
# 더 자주 안아주자

## 알아야 할 사실

옥시토신(사랑, 신뢰, 공감과 관련이 있는 호르몬) 분비량이 늘어나면 대체로 사회성과 관련된 뇌 회로가 활성화된다. 옥시토신 분비량을 늘리는 방법은 여러 가지가 있는데, 포옹, 악수, 마사지 등 다양한 형태의 신체 접촉을 포함한다. 또한 다른 사람과 이야기를 나누는 것, 때로는 그냥 사람들 속에 있는 것만으로도 뇌의 사회적인 기능이 활성화되고 옥시토신이 분비된다. 반려동물도 옥시토신 분비에 도움을 줄 수 있다.

## 실천 방법

신체 접촉은 옥시토신 분비를 유도할 수 있는 주요한 방법이다. 물론 마음대로 아무나 만질 수는 없지만, 악수나 등을 두드리는 것과 같은 사소한 접촉은 대체로 문제가 되지 않는다. 친한 사람들과는 더 자주 접촉하려고 노력해보자. 포옹, 특히 한참 동안 꼭 껴안는 행동은 오르가슴만큼 옥시토신 분비 효과가 우수하다.

그렇다고 반드시 신체 접촉만 시도해야 하는 건 아니다. 방 온도를 높이는 것도 옥시토신 분비량을 늘리는 효과적인 방법이다. 따뜻하다고 느끼면 옥시토신 분비가 촉진되거나 최소한 그와 비슷한 효과가 나타나서, 다른 사람을 향한 신뢰감이 높아지고 너그러워진다. 다른 사람과 껴안을 기회가 없다면 담요로 몸을 감싸고 따뜻한 차를 한 잔 마시자. 따뜻한 물로 샤워하는 것도 도움이 된다.

옥시토신이 분비되면 통증을 없애는 엔도르핀이 활성화된다. 마사지를 받으면 통증이 줄어드는 이유다. 마사지는 세로토닌과 도파민 분비량을 늘리며, 스트레스 호르몬인 코르티솔을 감소시키므로 수면 개선과 피로 감소 효과도 가져온다. 그러니 몸이 영 안 좋다고 느껴질 때는 마사지를 받아보자. 기분을 한층 좋아지게 만드는 신경전달물질 시스템을 능동적으로 깨울 수 있다.

3부

# 아무것도
# 하고 싶지 않은
# 마음을 물리치는 법

# 우울한 생각의 연결 고리를 끊자

## 알아야 할 사실

'바꾸고 싶지만 그럴 기운이 없어'라던가 '어차피 안 될 텐데 왜 애를 써야 하지?' 같은 생각이 든다면, 우울감 때문에 미루기 행동의 사고방식에 갇힌 것이다. 우울한 감정과 부정적인 생각의 연결 고리를 끊으려면 허술한 부분을 찾아야 한다. 예를 들어 우울한 생각을 할 기운이 있다면 상황을 뒤집어 '이 불평과 불만을 딛고 수면 위로 천천히 올라갈 수 있어' 같은 생각도 얼마든지 할 수 있다.

각자의 상황에 맞게 생각을 뒤집어보자. 소극적이고 패배주의적인 생각을 실행에 옮길 수 있는 목표로 바꿔보자. 가령 '오후 2시 정각에 대출금 송금하기'라는 목표는 뚜렷하고 목적이 분명하다. 실행 여부를 확인할 수 있고, 충분히 달성할 수 있는 목표이기도 하다. 자신에게 맞는 시간 목표도 함께 세우자. 사소하지만 확실한 것부터 해나가다 보면 미루기 행동과 목표 달성을 가로막는 생각을 멈출 수 있다.

마음속에서 흘러나오는 암울한 목소리를 똑바로 인식하는 것도 도움이 된다. 그런 목소리가 들리면, '휘들러'가 하는 말이라고 생각하자. 휘들러는 꾀를 부리고, 남을 속여서 원하는 걸 빼앗고 나쁜 일을 묵인하게 하는 능력이 탁월하다고 알려진 상상의 존재다. 내 마음속의 휘들러는 슬그머니 웃으며 유혹하는 표정을 짓는 체셔 고양이와 닮았다.

《이상한 나라의 앨리스》에서 체셔 고양이가 앨리스를 헷갈리게 하고 마음대로 조종하려고 하듯이, 휘들러는 속임수를 써서 우리가 떠올리는 가장 암울한 생각을 사실이라고 믿게 만든다.

## 실천 방법

내버려두면 우울한 생각이 커지기만 하는 추론 방식을 반대로 뒤집어보자. 그럼 미루기 행동을 부추기는 생각을 없앨 수 있다. 이 뒤집기 기술의 핵심은 마음속 휘들러가 하는 말을 반대로 하는 것이다. 뒤집기 기술을 활용한 아래 예시를 살펴보자.

---

- **휘들러의 생각:**
  우울한 마음을 털어내려고 계획한 일이 있지. 그걸 시작하기 전에 좀 쉬자. 신문도 읽고, 카드 게임도 좀 하고, 당구도 치는 거야.

---

↓

- **뒤집어서 생각하기:**
  우울증 깨기 계획을 한 시간 동안 실행한 다음 10분간 쉬면서 좋아하는 신문 칼럼을 읽자. 그리고 다시 한 시간 동안 계획을 실행하고 다음 10분간 카드 게임을 하는 거야. 그리고 또 한 시간 동안 계획을 실행하고 당구를 치자.

아무것도 하고 싶지 않은 마음을 물리치는 법

- **휘들러의 생각:**

  헬스장은 생각하지 말자. 언젠가 피로가 좀 풀리면 운동하고 싶은 날이 오겠지. 당장 내일 그렇게 될지도 몰라. 하지만 지금은 기분이 우울해서 우울한 감정을 털어내는운동의 효과를 볼 수 없어.

  ↓

- **뒤집어서 생각하기:**

  한 걸음 한 걸음씩 디뎌서 일단 헬스장으로 가자.

- **휘들러의 생각:**

  그냥 친구와 맞붙어 싸우자. 목표를 정하고 우울증에서 벗어나려면 뭘 먼저 해야 하는지를 생각하는 것보다 오히려 싸우는 게 내게는 더 자극이 되지 않을까?

  ↓

- **뒤집어서 생각하기:**

  목표를 정하고 계획을 세우자. 컴퓨터 앞에 앉아서 전원을 켜고, 아무것도 하지 않는 행동 습관을 깨기 위해 아무 글자나 입력해보자. 우울감을 덜어줄 수 있는 의미 있고, 측정 가능하고, 달성할 수 있는 목표를 세울 때까지 계속해보자.

- **휘들러의 생각:**
  우울감에 대처한답시고 청소 같은 걸 하는 건 고통스러운 일인 데다 시간 낭비야. 다른 걸 하는 게 더 낫지. 예를 들어 좋아하는 드라마를 보면 어떨까?

↓

- **뒤집어서 생각하기:**
  드라마를 켜놓고 소리를 들으면서 청소를 시작하자. 그럼 내가 하고 싶은 일과 해야 하는 일을 한꺼번에 할 수 있어.

자, 이제 여러분도 해보자. 자꾸 행동을 미루게 하는 우울한 생각을 찾아서 반대로 뒤집어보자.

# 일단
# 그냥 해보자

## 알아야 할 사실

행동을 미루는 상태로 있는 것은 원치 않는 곳으로 나를 데
려가는 말에 가만히 타고 있는 것과 같다. 이 말은 즐거움은
좇고 괴로움은 피하려는 의지가 강력한 원시적인 뇌와 비슷
하다. 말이 통제권을 쥐면 가고 싶은 곳이나, 평소에 다니던

익숙한 길로 달려가려고 한다. 말에 오른 기수는 충동을 억누르는 여러분의 이성이다. 이 기수는 절망을 느껴도 무작정 주저앉는 대신 말이 올바른 방향으로 나아가도록 조종한다.

이제 당신이 기수가 되었다고 상상해보자. 고삐를 쥐고 말, 즉 뇌가 우울함을 떨칠 수 있는 쪽으로 나아가도록 이끌면 어떤 일이 벌어질까? 갈등이 벌어질 가능성이 크다. 처음에는 강하게 반발할 것이다. 꼼짝도 하지 않으려고 할 수도 있다. 하지만 고삐를 쥔 건 여러분이다. 기수는 말이 가진 에너지와 힘을 새로운 방향으로 돌릴 수 있는 존재다. 정신적인 노력이 필요한 일이지만, 정신력을 더 강하게, 생산적으로 발휘한다면 말이 엉뚱한 곳으로 향할 확률은 줄어든다.

## 실천 방법

심리학자 로버트 헬러<sup>Robert Heller</sup>는 우울증이 갈수록 깊어지는 흐름을 막는 한 가지 방법을 제안했다. 사람들은 기분이 우울해지면 다른 사람들과 만나지 않고, 일상적으로 하던 여러 활동도 그만두려는 경향을 보인다. 하지만 고립감과 외로움을 느끼면 우울감은 한층 더 심해진다. 이 흐름을 끊는 열쇠는 패턴을 바꾸는 것이다. 헬러는 처음에 내키지 않더라도 "일단 그냥 해보라"고 제안한다. 일단 행동하면 정신의 초점을 우울한 생각과 암울한 추측에서, 우울증을 경감하는 행동으로 옮길 수 있다.

이러한 관점에 따라 활동 기록을 작성해 의욕을 키우는 도구로 활용해보자. 매일 무엇을 했는지 기록하고, 기분이 어떻든 활동량을 매일 꾸준히, 조금씩 늘린다. 매일 기록하면 얼마나 진전이 있었는지도 평가할 수 있다. 침대 머리맡에 일기장을 두고 그날 하루에 한 일들을 전부 기록해보자. 또는 작은 수첩 하나를 갖고 다니면서 활동할 때마다 기록해도 좋다. 인스타그램에 영상으로 게시하고 나중에 확인해보는 것도 훌륭한 방법이다.

이 실천 과제의 또 한 가지 핵심은 기록한 활동을 검토하는 것이다. 기록을 찬찬히 살펴보면 어떤 활동이 부족한지 알 수 있다. 예를 들어 당신이 외로움을 털어내는 데 도움이 되는 대인 접촉을 피하고 있었다는 사실을 깨닫게 될 수 있다. 그런 경우 다른 사람과 어울리면서 할 수 있는 활동을 추가하자. 이웃에게 먼저 인사를 하거나, 상점에서 직원에게 물건의 위치를 묻는 간단한 일도 포함될 수 있다. 장을 일주일에 한 번씩 보지 않고 매일 가서 필요한 물건을 한 가지씩 사오는 것도 괜찮은 방법이다.

처음에는 전혀 즐겁게 느껴지지 않을 수도 있다. 하지만 이 과제는 꾸준히 실천해야 효과를 얻을 수 있다. 뭘 해도 즐겁지 않은 것이 우울증의 주된 특징임을 기억하자. 무엇이든 실행에 옮기면 기분이 나아지는 길이 열릴 것이다.

아무것도 하고 싶지 않은 마음을 물리치는 법

# 희망이 없다는 생각에 반박해보자

## 알아야 할 사실

비행기 출발 시각이 겨우 20분 남았는데, 하필 출퇴근 시간이라 공항 가는 길이 꽉 막혀 도로에 갇혀버렸다. 충분히 무망감을 느낄 수 있는 상황이다. 무망감°은 우울함과는 다른 문제다. 아주 사소한 것이라도 분명 할 수 있는 일이 있게 마련인데, 무망감을 느낄 때는 그래 봐야 달라지는 건 없다고 확신하게 된다. 이런 마음으로는 아무것도 성공할 수 없고 상황을 개선할 수도 없다. 도움을 얻거나 대처 방법을 찾을 수도 없다.

하지만 무망감에서 비롯되는 확신은 다 가짜다. 뱃사람들의 마음을 현혹해 배가 난파되는 재앙 속으로 이끄는 사이렌처럼, 체념하게 만드는 생각은 우리를 그 자리에 얼어붙어 옴짝달싹 못 하게 만든다.

무망감에는 근거가 없다. 인간의 마음은 적응력이 있기 때문이다. 우리는 다양한 생각을 떠올리고, 예상하고, 긍정적인 기회를 향해 나아갈 수 있다. 심각한 위기나 눈에 보이는 위험이 생기면 피할 수 있다. 또한 문제를 해결할 줄 안다. 하지만 때로는 우리에게 이런 능력이 있다는 것을, 손을 뻗기만 하면 된다는 사실을 잊고 지낸다. 적응력을 활용해서 무망감에 대처하는 것이 이번 과제의 핵심이다.

○   현재의 좋지 않은 상황이 나아지거나 바라는 것이 이루어지리란 기대가 전혀 없고, 원치 않는 결과가 발생할 것이라 예상하면서 그걸 바꿀 방법이 아무것도 없다고 믿는 상태. 모든 희망이 끊어졌다고 느끼는 절망감과는 차이가 있다.

아무것도 하고 싶지 않은 마음을 물리치는 법

# 실천 방법

─────────

핵심은 시간을 충분히 들여서 희망이 없다는 생각에 반박해 보는 것이다. 먼저 무망한 생각에 의문을 가지고 질문을 던진 뒤, 선택할 수 있는 것들을 하나씩 찾아 답해본다. 아래에 예시가 있다.

───────────────────────────

● **무망한 생각:** 바꾸고 싶지만 나에겐 그럴 능력이 없어.

───────────────────────────

↓

● **질문 던지기:** 시도해볼 수 있고 내가 통제할 수 있는 일 중에 상황을 바꿀 수 있는 건 뭐가 있을까?

● **질문에 답하기:** 우울감을 없애려고 운동을 시작했어. 그리고 진전이 있었어. 그러니까 나는 긍정적인 변화를 일으킬 수 있어. 이미 그렇게 해본 적이 있으니까.

● **무망한 생각:** 아마 난 영원히 괴로울거야.

───────────────────────────

↓

● **질문 던지기:** 내 기분이 안 좋은 상태로 쭉 유지될 거라는 근거가 있을까?

무망감은 우울감보다 더 큰 괴로움을 안겨줄 수 있다. 그러나 절대 달라질 수 없으리라는 확신은 근거가 없다. 어떤 선택지가 있는지 글로 써보는 것도 좋은 방법이다. 종이에 써서 눈에 잘 띄는 곳에 붙여두거나 휴대전화에 할 일 목록으로 저장해두자. 이렇게 하면 무망감에서 빠져나올 수 있는 여러 가지 아이디어를 늘 가까이 둘 수 있다.

# 진정으로 원하는
# 인생에 관해 생각해보자

## 알아야 할 사실

이번에는 조금 더 진지하게 노력해서 자신의 가치를 분명하게 확인하는 방법을 소개한다. 연습에 도움이 될 음성 해설도 마련되어 있으니 참고하기 바란다. 이 활동을 마치려면 아무 방해 없이 쓸 수 있는 10분이 필요하다. 눈을 감으면 이번 연습에 나오는 시나리오를 더 수월하게 상상할 수 있을 것이다. 마음을 편안하게 먹고, 각 단계를 잘 따라가 보자. 그리고 열린 마음을 유지하자. 몰입할수록 얻는 것도 많을 것이다.

## 실천 방법

당신이 남태평양으로 여행을 떠났다고 상상해보자. 주변을 구경하려고 작은 보트를 빌렸는데, 엔진에 문제가 생겼다. 보트가 제멋대로 움직이며 큰 파도 쪽으로 다가간다. 사고를 피하려면, 얼른 보트에서 벗어나 근처 섬을 향해 수영 해야 한다. 당신은 목숨을 걸고 있는 힘껏 수영해서 아주 작은 무인도에 도착하고, 햇볕을 받으며 잠시 잠들었다가 기력을 차리고 깨어난다. 그리고 주변을 살펴본다. 신기한 먹을거리와 몸을 눕힐 만한 장소를 찾았다. 그런데 소지품을 전부

✔   http://www.newharbinger.com/50065. 해당 사이트에서 영어 음성 해설을 들을 수 있다.

보트에 두고 온 바람에 지금 당신이 어디에 있는지 사람들에게 알릴 수가 없다. 언젠가 발견되리란 희망을 품어보지만 그게 언제가 될지는 알 수 없다.

그러다 집에 있을 가족과 친구들이 떠오른다. 다들 당신이 감쪽같이 사라졌다는 소식을 듣고 바다에서 죽었다고 생각할 것이다. 눈물도 흘릴 것이다. 모두 모여서 당신과 당신 삶에 관해 이야기할 것이다. 당신이 이렇게 멀쩡히 살아 있다는 사실은 아무도 알지 못한다. 어쩌면 장례를 치르고 애도할지도 모른다. 모두 모여서 한 명씩 추도사를 낭독하며 당신을 기억할 것이다. 보통 추도사에서는 남은 이들이 오랫동안 기억할 죽은 사람의 특징과 살아 있을 때 남긴 영향을 이야기한다.

당신이 투명한 새가 되어 아무도 모르게 자신의 장례식장에 날아가서 가족과 친구들의 진심 어린 추도사를 직접 듣는다고 상상해보자. 인생을 함께해온 반려자는 무슨 말을 할까? 연인, 반려자, 또는 친구로서 당신이 어떤 사람이었다고 말할까? 자녀가 있다면 아이들은 당신의 인생과 당신이 해준 조언에 관해 어떤 말을 할까? 부모의 손을 떠나서도 잘 살아갈 수 있도록 당신이 도와주려 했던 것들을 아이들은 어떻게 기억할까? 친구들, 동료들, 이웃들은 어떤 이야기를 할까? 당신의 종교 생활에 관해서는 뭐라고 할까? 공동체 활동에는 얼마나 참여한 사람으로 기억될까? 인생을 얼마나 재미있게 살았는지, 얼마나 편안하게 살았는지, 또는 여가를 어떻게 보내면서 살았는지에 관해 어떻게 이야기할까?

## 추가로 시도해보기

위와 같은 상황을 천천히 상상해본 다음, 몇 분간 아래 질문에 대해 생각해보고 일기장이나 휴대전화 메모장에 답을 써보자.

지금의 삶을 기준으로 할 때, 당신의 장례식이 열린다면 사람들은 당신에 대해 어떤 이야기를 할까?

- 인생의 반려자.
- 아이들.
- 가장 친한 친구들.

- 동료.

- 지역 공동체 사람들.

- 같이 종교 활동을 했던 사람들.


인생을 당신이 원하는 대로 살았다면, 사람들은 장례식에서 당신에 대해 뭐라고 할까?


- 인생의 반려자.

- 아이들.

- 가장 친한 친구들.

- 동료.

- 지역 공동체 사람들.

- 같이 종교 활동을 했던 사람들.


오늘 당장 장례식이 열린다면 듣게 될 말과 당신이 정말로 듣고 싶은 말이 다른가? 그 차이에서 우리는 중요한 정보를 얻을 수 있다. 먼저 지금처럼 살다가 세상을 떠난다면 듣게 되리라 예상되는 말들을 찬찬히 살펴보자. 당신을 아끼는 사람들은 당신만의 가치를 분명 알아보고 기억할 것이다. 그런 점들을 떠올리면 마음이 따뜻해진다. 마찬가지로 썩 자랑스럽지 않은 점들도 떠오를 수 있다. 우리가 주목해야 하는 건 바로 그 부분이다. 무엇을 바로잡을 수 있을지에 대해 그 부분에서 단서를 얻을 수 있다. 누구에게나 부끄러운 점들이 있으니, 너무 수치스럽게 생각할 필요 없다.

이제 지금 장례식이 열린다면 듣게 될 말과 당신이 듣고 싶은 말을 비교해보자. 그럼 당신이 제쳐둔 가치가 떠오를 것이다. 감정적으로 힘든 일을 피하려다가 소홀하게 된 가치일 수도 있고, 최근에 많이 신경 쓰지 못했던 가치일 수도 있다. 지금의 인생을 당신이 진정으로 원하는 인생에 더 가까워지게 만들기 위해서는 무엇을 할 수 있을까?

# 판단과 사실을 구분하자

## 알아야 할 사실

이번에는 판단과 사실을 구분하는 연습을 해보자. 이 연습에서는 주변에 있는 사물과 알고 지내는 사람, 과거에 일어난 사건을 각각 살펴보면서 민감하게 반응하는 마음이 사실보다는 판단에 더 치우쳐 있지는 않은지 확인한다. 가령 지금 앉아 있는 의자가 너무 딱딱해서 불편하다는 생각이 든다면 사실보다 판단에 마음이 쏠렸다고 볼 수 있다. 그럴 때는 '고맙다 마음아, 그런 판단을 해줘서' 또는 '고맙다 마음아, 이 의자가 너무 딱딱해서 불편하다는 판단을 해줘서' 라고 말해보자. 이 연습을 통해 여러분의 민감한 마음이 사물과 사람, 사건에 반응할 때, 어떤 유사점과 차이점을 나타내는지 확인할 수 있다.

## 실천 방법

몇 분간 집중할 사물을 정하자. 찻잔이든 가구든 그림이든 꽃장식이든 구체적인 사물을 하나 정한다. 이제 몇 분 동안 그 사물을 판단하지 말고 설명하는 데만 집중하면서 자세히 바라보자. 그리고 아무 종이에나 설명을 옮겨쓴다.

슬그머니 판단이 떠오른다면 설명에 이어서 쓴다.

마지막으로 자신의 민감한 마음에게 그런 판단을 해줘서 고맙다고 말한다.

이제 사람을 한 명 떠올리고 똑같이 해본다. 먼저 판단하지 말고 그 사람에 관해 설명한다.

판단이 끼어드는가? 다른 사람에 대한 판단은 그 사람의 마음 상태와 관련이 있을 수도 있고, 그 사람이 당신을 어떻게 생각한다고 판단하는지와 관련이 있을 수도 있다. 또는 당신이 그 사람에 대해 좋게 생각하는지 나쁘게 생각하는지와 연결될 수도 있다. 떠오르는 판단을 설명과 함께 쓴다.

민감한 마음에게 그런 판단을 해줘서 고맙다고 말하는 것으로 마무리한다.

다음으로 힘들었던 사건을 떠올린다. 어린 시절에 일어난 일이든 청소년기나 성인이 된 이후에 일어난 일이든 무엇이든 괜찮지만, 마음속에서 감정적인 반응이 일어나는 일로 선택하자. 세세한 부분이 전부 이미지로 떠오를 때까지 그 일에만 집중한다. 그리고 어떤 일이었는지 글로 설명해보자.

설명하는 동안 판단이 끼어드는지 살펴보자. 그 사건이 자신에게 끼친 영향이나 인생을 어떻게 바꿔놓았는지에 관한 생각일 수도 있고, "나는 정말 역겨운 짓을 했다"라거나 "그 사람의 말은 경솔했어"처럼 옳고 그름, 좋고 나쁨에 관한 판단일 수도 있다. 판단의 내용도 글로 쓴다.

이번에도 민감한 마음에게 그런 판단을 해줘서 고맙다고 말하자.

## 추가로 시도해보기

이번 연습으로 무엇을 깨달았는가? 감정이 큰 힘을 발휘할수록 민감한 마음은 판단을 끼워 넣으려고 한다. 컵을 판단하지 않으려고 노력하는 것과 과거의 힘든 기억을 판단하지 않으려고 애쓰는 건 굉장히 다른 일이다. 괴로웠던 사건을 기억할 때 주로 그 일에 관한 판단이 떠오른다는 사실을 아마 당신도 눈치챘을 것이다. 사건에 대한 판단이 너무 확고한 나머지 사실을 객관적으로 기술하기가 어렵다고 느끼는 사람도 있다. 이 연습은 당신이 무언가를 어떻게 판단하는지 파악해서 그 일을 흘려보낼 수 있도록 도울 것이다.

# 연민을 키우는 연습을 하자

## 알아야 할 사실

연민을 키우는 다양한 명상법이 있다. 이러한 명상은 자애 (자비) 명상이라고도 불린다. 매일 잠깐씩 시간을 내어 자애 명상을 해보자.

## 실천 방법

---

먼저 자비를 베풀고 싶은 사람을 찾아본다. 당신에게 관심을 기울이고 당신의 학습과 성장을 도와주려고 애쓰는 사람, 실수해도 너그럽게 봐주고 한 인간으로서 당신이 가진 잠재력에 호기심을 갖고 당신을 독려해주는 사람을 떠올린다. 그리고 연민을 일으키기 위해 아래 핵심 문장을 말해본다. 자비를 베풀고 싶은 대상이 누구에게나 있는 건 아니므로, 떠오르는 사람이 없다면 친구로 정해도 된다. 당신을 너그럽게 대하고 애정을 보이는 사람 중에 성적인 관계를 맺지 않는 사람으로 선택하는 것이 가장 좋다. 가능한 살아 있는 사람을 선택하는 게 좋지만 세상을 떠난 사람을 선택해도 된다. 짧게는 며칠, 길게는 몇 주 동안 그 사람을 떠올리며 다음과 같이 빌어보자.

안전하게 지내기를.

건강하게 지내기를.

행복하게 지내기를.

평안하게 지내기를.

평화롭게 지내기를.


이제 낯선 사람들을 향해 똑같이 빌어본다. 예를 들어 아침에 일어나 가장 먼저 마주친 낯선 이가 그 대상이 될 수 있다. 그렇게 며칠 동안 낯선 사람을 위해 기도한다.


안전하게 지내기를.

건강하게 지내기를.

행복하게 지내기를.

평안하게 지내기를.

평화롭게 지내기를.


마지막으로 자신을 위해 같은 기도를 하며 연민을 가져본다.


안전하게 지내기를.

건강하게 지내기를.

행복하게 지내기를.

평안하게 지내기를.

평화롭게 지내기를.

기도에 중점을 두는 대상이 누구든 한 문장씩 읊으며 기도할 때마다 더욱 다양한 사람에게 연민을 느끼려고 해보자(같은 지역이나 같은 도시에 사는 사람들부터 세상 모든 사람까지). 대부분 자신보다 다른 사람에게 연민을 느끼는 것을 더 쉽다고 느끼므로 그 점을 활용하기 좋은 연습이다.

매일 언제든 편한 시간에 5~10분간 이 명상을 하면서 소망하는 내용과 그 소망이 닿기를 바라는 사람에게 정신을 집중해 기도하자. 기도하며 떠오르는 이미지, 감정, 감각을 느끼는 데 집중한다. 기도문에 얽매이지 말고 자신만의 표현으로 자유롭게 자비를 드러내도 좋다. 자비로운 마음을 가지면 기분이 어떻게 달라지는지, 다른 사람과 자신을 너그럽게 대하는 능력은 어떻게 변화하는지 잘 살펴보자.

# 최대한
# 신속하게 결정하자

## 알아야 할 사실

인간은 다른 동물보다 큰 전전두엽 피질을 갖고 있다. 이 전전두엽 피질 덕분에 우리는 복잡한 수학 문제를 풀고, 이케아 가구를 조립하고, 달에 우주 비행사를 보내고, 저녁 파티를 성공적으로 치러낼 수 있다.

체스 게임도 마찬가지다. 말을 어디로 어떻게 움직여야 할지 어떻게 알 수 있을까? 우리는 게임판을 보면서 나이트를 움직이면 상대방이 내 비숍을 가져갈 수 있지만, 그 결과 상대의 킹이 노출되리라는 사실을 파악한다. 이런 계산을 마친 후, 비숍을 먼저 옮겨서 상대가 가져가지 못하게 한 다음 나이트를 움직인다. 이러한 생각은 전부 전전두엽 피질에서 나온다. 이는 미래를 상상하고 행동의 결과를 예측할 수 있게 해주는 가상현실 장치와 같다.

그렇다면 계획을 세우는 것과 일어날 수도 있는 일을 걱정하는 건 무엇이 다를까? 답은 감정과 자기 지향적인 사고 처리의 비중이다. 이는 앞으로 일어날 상황에 전전두엽 피질이 얼마나 활발히 반응하느냐에 따라 달라진다. 계획을 세우고 문제를 해결할 때는 자신이나 정보를 미래로 투사해서 특정한 결과가 나왔을 때 어떤 기분일지 판단한다. 걱정할 때도 마찬가지지만, 이때는 부정적인 감정이 더 큰 비중을 차지한다. 걱정은 기분이 나빠지는 원인이 되고, 기분이 나빠지면 걱정이 더 심해지는 전형적인 악순환이 시작된다.

## 실천 방법

일단 결정을 내리자. 불안과 걱정은 확실한 일이 아니라 일어날 수도 있다는 생각에서 비롯된다. 선택지가 너무 많으면 걱정되는 일도 많아지므로 대부분의 사람이 선택의 폭이 넓은 상황에서 덜 행복하다고 느낀다. 편도체는 뇌를 위협에서 보호하며, 전전두엽 피질과 달리 위협이 생기면 즉각 반응한다. 불확실한 상황일수록 정서적인 반응을 조절하는 뇌 영역인 편도체가 더욱 활성화된다. 따라서 걱정이 심한 편이라면 선택지를 줄이고 최대한 빨리 결정을 내리자. 아무리 작은 일이라도 일단 결정하고 나면 모든 것이 훨씬 감당할 만한 일로 느껴질 것이다.

# 사소한 규칙으로
# 선순환을 만들자

## 알아야 할 사실

우울증이 운동을 시작하는 데 큰 걸림돌인 이유는 우울할 때는 좀처럼 운동을 하고 싶은 기분이 들지 않기 때문이다. 운동을 하려다가도 '별다른 도움이 안 될 걸' 같은 부정적인 생각이 자동으로 따라붙는다. 우울할 때는 뇌가 더 우울해지는 악순환에 갇혀서 빠져나올 방법을 찾지 못하는 상태가 되기 때문이다.

의욕이 생기지 않는 문제는 여러 방법으로 해결할 수 있다. 유익한 방향이라면 아주 사소한 것이라도 앞으로 나아가는 걸음이 된다는 의미이기도 하다. 소파에 가만히 앉아 있는 대신 딱 1분만 걷더라도, 그 1분이 모이고 모여서 기분이 나아지는 선순환의 출발점이 된다.

막상 운동을 할 때는 우울증에 별다른 도움이 안 되는 것 같아도 뇌에서는 우리가 알아채지 못하는 무수한 변화가 일어난다는 사실을 기억하자. 운동은 뇌 회로를 변화시키고 긍정적인 신경 화학물질의 분비를 촉진하며 스트레스 호르몬을 줄인다. 그러니 한 걸음 뗄 때마다 '이게 정말 도움이 되나?' '기분이 더 좋아졌나?' 같은 질문을 하는 일은 그만두자. 그저 하루하루 살아가는 일에 전념하자.

## 실천 방법

게으름 방지 규칙을 세워보자. 예를 들어 3층 이내는 계단으로 다니기로 한다. 또 1킬로미터 이내로 이동할 때는 걸어가고, 2킬로미터 이내는 자전거로 다녀온다는 목표를 세우자. 계단이 바로 옆에 있다면 에스컬레이터를 이용하지 말자. 주차장에서는 출입구와 가까운 자리를 찾느라 뱅뱅 도는 대신 가장 먼저 눈에 띄는 자리에 차를 대자. 이러한 연습이 도움이 된다고 느껴지면 다른 습관을 추가해보자.

# 나의 장점을 인정하자

## 알아야 할 사실

영국에서 실시된 두 건의 연구는 나쁜 습관을 바꾸는 영리한 방법을 발견했다.[o] 바로 자기 확신이다. 진부하게 들릴

---

[o]   Armitage, Harris, Hepton and Napper, 2008; Epton and Harris, 2008.

수도 있지만 효과는 아주 확실하다.

첫 번째 연구에서는 흡연자들에게 여러 질문을 던졌다. 대조군에게는 "아이스크림 중에 가장 맛있는 건 초콜릿 맛일까요?" 같은 무작위 질문을 던지고 답을 해달라고 했다.

실험군인 '자기 확신' 그룹에는 참가자가 각자 자신의 가장 큰 장점에 주목할 수 있도록 다음과 같은 질문을 던졌다. "상처 준 사람을 용서한 적이 있습니까?" "다른 사람의 기분을 배려한 적이 있습니까?" 그렇다고 답하면, 긍정적인 면에 더욱 주목할 수 있는 질문을 제시했다. 질문과 답변이 끝난 다음에는 양쪽 그룹 모두 흡연이 건강에 주는 악영향에 관한 자료를 읽도록 했다.

이 연구에서 자기 확신 그룹에 배정된 흡연자는 대조군에 비해 금연 의지가 강하고 담배를 끊을 방법을 찾을 가능성도 더 큰 것으로 나타났다. 중요한 사실은 흡연량이 많은 사람일수록 자기 확신의 영향이 더 크게 나타났다는 점이다. 현재 처해 있는 상황이 안 좋을수록 자기 확신이 큰 효과를 발휘한다는 의미다.

다른 여러 연구에서도 자신의 장점을 떠올리면 더 수

아무것도 하고 싶지 않은 마음을 물리치는 법

월하게 습관을 바꿀 수 있다는 사실이 입증됐다. 정말 멋진 현상 아닌가.

## 실천 방법

---

아래 질문에 '그렇다' 또는 '아니다'로 답해보자. '그렇다'라고 답했다면, 답을 더 자세히 써보자. 주어진 상황과 자신의 장점을 최대한 구체적으로 생각해보자.

- 상처 준 사람을 용서한 적이 있습니까?
- 다른 사람의 기분을 배려한 적이 있습니까?
- 나보다 상황이 좋지 않은 사람에게 도움을 준 적이 있습니까?
- 힘든 하루를 보낸 사람에게 힘내라고 말한 적이 있습니까?
- 친구가 목표를 이루도록 격려한 적이 있습니까?

이제 각자 쓴 글을 읽어보자. 바꾸고 싶지만 쉽게 바꿀 수 없었던 습관이 있는가? 지금까지 해온 긍정적인 일들을 떠올리니 그런 습관을 더 수월하게 바꿀 수 있을 거라는 기분이 드는가? 질문 중에 일상생활에 적용할 수 있는 것, 특히 힘든 날 도움이 될 만한 것이 있는지 생각해보자.

# 감사 편지를 써보자

## 알아야 할 사실

기분이 우울하면 실망스러운 일은 넘쳐나고 숙면이나 좋은 일, 다정한 사람들처럼 절실한 것들은 너무 부족하다고 느껴진다. 바라는 것과 현실 사이의 격차가 실제로 크더라도, 우울할 때는 그 차이가 훨씬 더 크게 다가온다. 이런 부정적인 감정을 깨뜨리는 강력한 힘이 있다. 바로 '감사하는 마음'이다.

감사하는 마음은 각자가 처한 환경과 무관하므로 부정적인 기분을 없애는 강력한 해독제가 된다. 가난하고 굶주리는 사람도 불어오는 따스한 바람에 고마운 마음을 느낄 수 있다. 마찬가지로 돈이 많고 권력이 있는 사람도 남편이 껌 씹는 소리에 짜증이 치밀 수 있고, 가까운 사람을 잃고 절망에 빠질 수도 있다. 감사는 마음의 상태다. 우리 머릿속에 있는 감사 회로는 가동되는 순간만을 애타게 기다리고 있다. 이 회로가 강화되면 몸과 마음의 건강이 향상되고 행복감이 커진다. 잠도 잘 자고 다른 사람과의 유대감도 더 깊게 느낀다. 여기서 주목할 점은, 무망감이 클수록 감사하는 마음의 효과가 더 크게 발휘된다는 사실이다. 만사가 암울하고 의미 없게 느껴질 때일수록 작은 감사가 힘을 준다.

감사하는 마음은 불안감도 덜어준다. 걱정과 불안은 나쁜 일이 벌어질 가능성을 떠올릴 때 고개를 든다. 뇌는 한꺼번에 많은 것에 초점을 맞출 수 없으므로, 아직 일어나지 않았지만 앞으로 있을 좋은 일들을 떠올리고 감사하면 그 마음이 부정적인 기분을 대체해서 걱정이 사라진다.

## 실천 방법

---

친구, 선생님, 동료 등 당신에게 친절하게 대해주었지만 고마운 마음을 한 번도 제대로 전한 적이 없는 사람을 떠올려보자. 그리고 그 사람에게 감사 편지를 써보자. 그 사람이 내 인생에 어떤 영향을 주었는지 자세히 쓰자. 그리고 커피나 술을 함께 마시자고 제안해서 약속을 잡고 편지를 건네자. 약속을 잡을 때는 왜 만나려고 하는지 이유를 미리 말하지 말고 깜짝 놀라게 해주자. 이렇게 고마운 마음을 표현하면 그 효과가 오래 지속된다. 한 연구에 따르면 감사 편지를 써서 전달하면 마음이 행복해지고, 2개월이 지난 후에도 그 상태가 지속되는 것으로 나타났다.[○]

○    Froh, Yurkewicz and Kashdan, 2009.

# 4부

# 간단한
# 습관 변화가
# 큰 차이를 만든다

# 건강한 식생활을 하자

## 알아야 할 사실

기분을 조절하는 뇌 화학물질의 균형이 깨지면 우울증이 촉발되거나 심해진다. 우리가 먹는 음식은 뇌 화학물질에 영향을 주므로, 특정 음식을 먹어서 기분을 바꿀 수도 있다. 훌륭한 식생활은 자기 관리의 여러 측면 중 한 부분이다. 식생활만으로 모든 걸 바꿀 순 없다는 뜻이다. 하지만 식생활에 신경 쓰고, 균형 잡힌 식단으로 골고루 영양을 섭취하면 우울감이 완화될 수 있고, 심지어 그런 감정을 방지할 수도 있다.

사람마다 몸의 화학적인 조성에는 조금씩 차이가 있지만, 뇌 화학물질에 영향을 줄 가능성이 특히 크다고 알려진 몇몇 비타민과 영양소가 있다. 바로 비타민 B 복합체(특히 엽산)와 오메가3 지방산, 설탕, 카페인, 알코올이다.

비타민 B12는 육류와 유제품, 달걀, 해조류 등에 들어 있고, 그 외의 다른 비타민 B는 주로 통곡류 제품, 영양소가 강화된 시리얼, 육류, 잎채소, 견과류, 씨앗에서 얻을 수 있다. 비타민 B9(엽산)은 감귤류 과일과 딸기, 캔털루프 멜론, 아스파라거스, 간, 콩, 콩과 식물(말린 콩과 완두)에도 들어 있다. 몸에 엽산을 비롯한 비타민 B가 부족하면 우울감이 더 깊어질 수 있다.

오메가3 지방산은 참치와 연어처럼 한류(냉수)에 사는 어류에서 발견된다. 이 지방산은 뇌 화학물질의 기능에 중요한 역할을 한다. 오메가3 지방산의 체내 농도가 낮으면 우울감이 더 크게 느껴질 수 있다.

설탕은 사탕과 쿠키, 케이크, 아이스크림, 탄산음료와 여러 시리얼 제품에 들어 있다. 카페인은 콜라와 탄산음료, 차, 커피 등에서 발견된다. 설탕과 카페인은 모두 우울한 기분을 증대시킨다. 먹고 나면 처음에는 에너지가 향상된 것처럼 느껴지지만 혈당이 급격히 떨어지면서 몸이 둔해지고 피로감이 몰려올 수 있다.

마지막으로 알코올은 우울감에서 도망치기 위한 수단으로 많이 활용된다. 하지만 알코올 섭취는 중추신경계 기능을 억제하기 때문에 섭취 이후 오히려 우울증이 더 심해진다. 또한 알코올은 비타민 결핍을 유도하여 우울한 기분을 더 악화시킬 수 있다.

뇌 화학물질에 영향을 주는 음식을 아는 것만큼 중요한 사실은 건강한 식생활이 건강에 좋지 않은 식생활보다 우울증을 막는 효과가 더 크다는 것이다. 보통 건강한 식생활이란 신선한 자연식품을 많이 먹고 가공식품이나 포장 음식을 덜 먹는 것을 의미한다. 과일과 채소, 곡류, 단백질이 균형 있게 포함된 식단이 건강한 식단이며, 각각에 해당하는 음식을 골고루 먹으면 된다. 건강한 식생활은 몸과 마음의 기능을 향상시키고, 이는 일상생활에서 생기는 크고 작은 일들을 더욱 수월하게 처리할 수 있게 한다. 건강에 해로운 식생활은 우울한 기분을 물리치는 데 필요한 신체 에너지와 정서 에너지가 부족해지는 원인이 된다.

## 실천 방법

일주일 동안 먹고 마시는 음식을 기록하고, 기분이 얼마나 우울했는지도 함께 기록해보자. 먹고 마신 음식을 빠짐없이 기록하고, 하루에 세 번씩 우울감을 기록한다. 우울한 기분을 1부터 5까지 수치화해서 매우 낮으면 1, 매우 높으면 5로 평가한다.

## 추가로 시도해보기

기록한 정보를 살펴보자. 우울감에 특별한 패턴이 나타나는가? 예를 들어 아침이나 오후, 저녁 중에 더 우울한 때가 있는가?

우울감을 높이는 음식(설탕, 카페인, 알코올)과 우울감을 줄이는 음식(비타민 B, 오메가3 지방산)의 섭취량을 비교해보자. 그리고 다음 사항을 생각해보자.

- 섭취한 음식을 쭉 훑어보면서 현재 식생활이 건강한지, 건강하지 않은지 판단해보자.
- 음식을 얼마나 골고루 다양하게 섭취하는지, 종류별로 얼마나 균형 있게 섭취하는지 써보자.
- 가공되지 않은 신선한 식품을 얼마나 섭취하는지 써보자.
- 먹은 음식과 우울감이 연결되는 지점이 있다면 써보자.
- 기분이 나아질 수 있도록 식생활을 개선하는 현실적인 방법을 생각해보자.

성공적으로 식단을 바꿨다면, 그것이 평소 기분이나 힘든 일이 닥쳤을 때 대처하는 능력에 어떤 영향을 미치는지 살펴보자. 에너지가 늘어나고, 더 차분하고 유연하게 대응할 수 있게 되었는가?

# 스트레스 관리 기술을 익히자

## 알아야 할 사실

대다수의 사람들이 거의 매일 스트레스를 느낀다. 그러므로 스트레스 관리법을 모르면 불안하고, 피곤하고, 도저히 감당 못 하겠다는 기분이 수시로 들어서 우울해지기 쉽다. 스트레스 관리 기술을 익혀두면 우울한 기분에서 벗어나는데 도움이 된다. 아래에 간단한 세 가지 방법을 소개한다.

1. **피하기.** 스트레스 상황을 벗어나는 것이 가능하다면 벗어나자. 스트레스를 받게 될 것이 분명하다면 일부러 겪을 필요는 없다. 또한 스트레스를 키우는 생각을 자꾸 곱씹지 말자.
2. **적응하기.** 스트레스 상황을 피할 수 없거나 어떤 이유로든 그런 상황에 놓이고 말았다면, 스트레스를 덜 받을 수 있도록 상황을 최대한 바꿔보자.
3. **생각 바꾸기.** 바꿀 수 있는 게 없다면 그 일을 스트레스로 여기지 않게끔 생각을 바꿔보자. 또는 대처 방식을 바꿔서 좀 더 수월하게 처리할 방법이 있는지 찾아보자.

애나의 상황을 예로 들어보자. 애나는 그림 그리는 것을 정말 좋아하지만 그림 때문에 스트레스도 많이 받는다. 그렇지 않아도 빠듯한 일정에 개인 과외가 시간을 너무 많이 잡아먹고, 그룹 수업에서는 남들과 자꾸 실력을 비교하며 자신이 썩 훌륭한 화가가 아니라고 생각하게 된다.

애나는 스트레스에 대처해보기로 했다. 먼저 그림을 아예 그만두는 것을 고민해보았다. 그러나 그림을 너무 좋아해서 그만두고 싶지는 않았다. 그럼 지금 상황에 적응하는 방법에는 뭐가 있을까? 그는 개인 과외를 줄이거나 취미 생활에 들이는 시간을 줄이면 시간에 여유가 생긴다는 사실을 깨달았다. 일정을 차지하는 다른 취미보다 그림이 더 중요하다는 사실 또한 깨달았다. 애나는 양궁을 그만두기로 했다.

다음으로 생각은 어떻게 바꿀 수 있을지 고민했다. 우선 함께 수업을 듣는 사람들과 자신을 비교하지 말자고 다짐했다. 비교해봐야 도움은 안 되고 스트레스만 쌓일 뿐이었다. 미래를 너무 걱정하지도 말자고 결심했다. 직업 화가가 되지 못하더라도 취미로 그림을 계속 그릴 수 있고, 그래도 충분히 즐길 수 있다는 생각이 들었다.

이렇게 만든 변화로 애나는 그림 그릴 시간을 더 많이 확보하고, 압박감 없이 그림을 즐기게 되었다. 그 결과 스트레스가 줄고 우울한 기분도 사라졌다.

## 실천 방법

---

어떤 상황에서 스트레스를 느끼는지 나열해보자. 스트레스를 가장 많이 받는 상황부터 순서대로 쓴다.

앞의 세 가지 방법을 적용해서 각 상황에서 스트레스를 어떻게 관리할 수 있을지 써보자. 피할 수 있는 상황인가? 적응할 수 있는 부분이 있는가? 생각을 바꿔서 도저히 감당이 안 된다는 기분을 진정시킬 수 있는가?

간단한 습관 변화가 큰 차이를 만든다

# 관심을 다른 곳으로 돌려보자

## 알아야 할 사실

자신의 문제에만 갇혀 있으면 우울한 기분이 점점 커진다. 온통 자신을 향해 쏠린 관심을 다른 곳으로 돌리거나 자신에게서 '벗어나면' 기분이 한결 나아진다. 가장 효과적인 방법은 도움이 필요한 사람을 돕는 것이다.

샨텔은 외로워서 우울해졌다. 사람들과 함께 있을 때조차 친구가 하나도 없다는 기분이 들었고, 누구와도 유대감을 느낄 수 없었다. 그러다 회사 내의 자원봉사 모임에 가입했다. 모임에서는 주변에 도움이 필요한 곳이 많으니 힘을 보태달라고 요청했다. 첫째 주에는 한 병원의 암 병동에 가서 어린 환자들에게 책을 읽어주었다. 그다음 주에는 봉사 모임 회원들과 함께 노인 요양 시설에 가서 노래를 불렀다. 한 주 뒤에는 허리케인으로 집이 무너진 사람들에게 통조림과 옷을 모아서 전달했다.

봉사 활동을 마치고 집에 오면서 샨텔은 덜 외롭다고 느꼈다. 그리고 다른 사람들을 돕는 동안 우울한 기분이 들지 않았다는 사실을 깨달았다. 자신보다 더 안 좋은 상황에 놓인 사람들에게 해줄 수 있는 일이 있다는 게 기쁘기도 했다. 그리고 자신이 도움을 주면서 사람들과 교류하는 일을 즐긴다는 사실도 깨달았다. 도움을 받는 사람들은 항상 그를 반겨주었다.

간단한 습관 변화가 큰 차이를 만든다

## 실천 방법

───────

상처받은 사람이나 어떤 이유에서든 도움이나 응원이 필요한 사람을 떠올려보자. 친구, 가족, 이웃, 학교 직원, 그냥 아는 사람, 누구든 좋다. 그리고 앞으로 일주일 동안 그 사람에게 친절을 베풀 수 있는 일이 뭐가 있을까 생각해본다. 허드렛일을 도와주면 어떨까? 카드를 쓰거나 응원의 메시지를 써서 전달한다면? 음료수나 커피를 한 잔 사주는 건? 이야기를 들어주는 건 어떨까? 떠오른 생각을 기록해보자.

이제 이 생각을 실천에 옮겨본다. 먼저 언제, 어떻게 실행할지 계획한다. 계획을 실행한 후에는 무슨 일이 있었는지 써보자.

다른 사람에게 친절을 베풀 계획을 세우고 실행에 옮기는 동안 우울한 기분이 얼마나 들었는지 생각해보자.

자신에게 주는 선물과도 같은 이 일을 모두 마친 후에 어떤 기분이 들었는가?

## 추가로 시도해보기

아래 목록에 초점을 자신이 아닌 다른 사람에게 맞추는 데 도움이 되는 다양한 방법이 나와 있다. 관심이 가는 항목에 표시해보자.

- 아이들 가르치기.

- 시각 장애인에게 책 읽어주기.

- 재활용품 수거하기.

- 도서관 책 배달하기.

- 모금하기.

- 페인트칠하기.

- 행사 계획 세우기.

- 집 짓는 봉사 활동에 참여하기.

- 동물 돌보기.

- 여행 가이드 되기.

- 캠프 선생님 되기.

- 헌혈하기.

- 아기 돌봐주기.

- 양로원 방문하기.

- 전화로 사람들에게 안부 묻기.

- 집 청소하기.

- 빵과 케이크를 구워서 자선 행사에 참여하기.

- 선생님 돕기.

- 걷기 대회 참가하기.

- 운동 코치 되기.

- 번역이 필요한 사람들 도와주기.

- 밴드에서 연주하기.

- 집에서 못 나오는 사람들에게 식사 배달하기.

- 다른 언어를 쓰는 외국인에게 우리말 가르치기.

- 구급상자 준비하기.

- 식사 준비하기.

- 잔디 깎기.

- 음식 제공하기.

- 도움의 전화를 받는 사람으로 일하기.

- 병원에 있는 사람들 찾아가기.

- 노숙자들에게 점심 제공하기.

아래 항목 중 당신이 다른 사람에게 가르칠 수 있는 기술에 표시해보자.

- 바느질.
- 페인트칠.
- 자전거 타기.
- 타자 치기.
- 베이킹.
- 무용.
- 장신구 만들기.
- 글쓰기.
- 수공예.
- 수학 문제 풀기.
- 농구.
- 그림 그리기.
- 사진 촬영.
- 스케이트보드.
- 스크랩북 만들기.
- 시 쓰기.

- 요리.
- 카드 게임.
- 정원 손질.
- 뜨개질.
- 휘파람.
- 읽기.
- 체스.
- 수영.
- 목공예.
- 인테리어.
- 자동차 수리.
- 노래.
- 컴퓨터 사용법.
- 테니스.
- 악기 연주.
- 반려동물 돌보기.

간단한 습관 변화가 큰 차이를 만든다

목록에 없지만 가르칠 수 있는 기술이 있다면 추가로 쓰거나 휴대전화에 기록해보자. 이제 목록에서 한 가지를 선택하고, 다른 사람이 그 활동을 잘할 수 있도록 도와준다면 어떤 기분일지 상상해본다.

주변을 둘러보기만 하면 도움이 필요한 사람을 언제든지 찾을 수 있다. 좀 더 체계적으로 봉사 활동을 하고 싶지만 어떻게 시작해야 할지 방법을 모른다면 가까운 병원이나 종교 단체, 주민 센터에 먼저 연락해보자.

# 회피하는 습관 고치기

## 알아야 할 사실

운동처럼 분명 유익하지만 즐겁지만은 않은 활동을 회피할 때, 싫은 것을 못 견디는 성미가 드러난다. 이는 늘 쉽고 안전한 활동만 하는 데 좋은 핑계가 되기도 한다. 운동이 유익하다는 건 대부분 잘 알고 있다. 운동이 우울한 감정을 가라앉힌다고 확신할 만한 근거도 충분하다. 그럼에도 우리는 운동을 하면 힘들다는 생각을 버리지 않는다. 그 생각 때문에 자리를 박차고 일어나 운동을 시작하기가 어려워진다. 생각에 매달리다 보면 운동하려던 마음이 다른 곳으로 분산된다.

많은 사람이 이와 같이 실행에 옮기느냐, 걱정만 하느냐 중 하나를 선택해야 하는 양 갈래 길에 서 있다. 두 가지를 놓고 어떻게 할까 꾸물대며 고민하는 갈등의 순간이다. 운동이 주는 효과를 얻고 싶으면서도 운동을 하기 위해 준비하고, 본격적으로 운동을 하는 귀찮은 과정은 다 피하고 싶다. 우울해서 가뜩이나 그럴 기력이 없다는 확신이 들면 더욱 그런 생각이 든다. 그렇게 딜레마에 빠진다.

딜레마에 빠지면 운동에 거부감이 들고 마음이 힘들어진다. 운동은 노력이 필요한 일인 만큼 싫을 수 있다. 그래서 뇌 아래쪽에 있는, 전전두엽 피질보다 오래전에 형성된 영역이자 본능과 고통의 회피에 더 집중하는 영역(편도체)에서 하지 말라는 신호를 보낸다. 하지만 운동이 장기적으로 얼마나 이로운지 잘 아는 이성은 어서 시작하라고 당신을 부추긴다. 이를 뇌의 두 영역과 타협하는 기회로 삼아보

자. 원시적인 뇌의 입장을 충분히 수긍해 운동은 귀찮고 힘든 일임을 인정하고, 이성의 지시를 따르자.

## 실천 방법

운동을 실천에 옮길 수 있도록 생각의 균형을 맞추는 방법을 소개한다.

- 별로 내키지 않을 때도 운동한다.

- 회피하고픈 충동도 언젠가는 사라진다는 사실을 인정하자. 영원한 건 없다.

- 운동하고 싶은 마음이 들 때까지 소파에 드러누워 기다리지 말고 일단 나가서 자전거를 타고 헬스장으로 가자. 누워 있고 싶은 충동을 다른 데로 돌릴 필요가 있다.

- 우울할 때는 운동을 할 수 없다거나, 운동을 하더라도 별로 소용 없을 거라는 생각이 떠올라도 무심코 받아들이지 말자. 이런 생각을 하나의 가설이라 생각하고, 그 가설에 아주 사소한 것이라도 허점은 없는지 평가해보자(실천 5와 실천 25 참고).

# 감정 표현의
# 어휘를 넓혀보자

## 알아야 할 사실

기분이 '안 좋다'고만 느낄 때는 무엇을 어떻게 해야 할지 감을 잡기가 어렵다. 기분을 좀 더 다채롭게 표현하면 기분 변화에 도움이 된다. 지금부터라도 감정을 나타내는 어휘를 열심히 공부해보자.

- 버림받은 기분이다.
- 수용할 수 있다.
- 걱정스럽다.
- 흔들린다.
- 우호적이다.
- 화가 난다.
- 불안하다.
- 두렵다.
- 수치스럽다.
- 자애롭다.
- 원망스럽다.
- 더없이 행복하다.
- 우울하다.
- 지루하다.
- 침착하다.
- 신경 쓰인다.
- 측은하다.
- 유대감을 느낀다.

- 낙담한 상태다.
- 의욕이 없다.
- 초연하다.
- 실망스럽다.
- 공감된다.
- 좌절감이 든다.
- 죄책감이 든다.
- 부끄럽다.
- 적개심이 든다.
- 참을 수 없다.
- 초조하다.
- 다정하다.
- 느긋하다.
- 실망했다.
- 아쉽다.
- 애정을 느낀다.
- 울적하다.
- 온화하다.

- 궁금하다.
- 열정이 넘친다.
- 평화롭다.
- 편견이 있다.
- 편하다.
- 정의롭다.
- 슬프다.
- 안심된다.
- 만족스럽다.
- 평온하다.
- 회의적이다.
- 의심스럽다.
- 고요하다.
- 초월한 기분이다.
- 개의치 않는다.
- 복수심이 든다.
- 괴롭힘당한 기분이다.
- 마음이 따뜻하다.

간단한 습관 변화가 큰 차이를 만든다

## 실천 방법

앞으로 3주 동안 매일 위에 나온 표현 중 세 가지 이상을 써보자. 그 목표를 달성했다면, 다음 단계로 경험을 이야기할 때 위의 단어를 최소한 한 번씩 다 사용해보기를 권한다.

예를 들어 '실망스럽다', '궁금하다', '부끄럽다'라는 단어를 감정 표현에 써보기로 했다면, 자신의 감정과 생각을 잘 관찰하고 직장에서, 집에서, 학교에서 또는 혼자 있을 때 경험한 일을 묘사하는 데 선택한 단어를 한꺼번에 혹은 따로 써본다. 이 간단한 연습을 3주간 실천하면 스트레스와 관련된 경험을 60가지가 넘는 단어로 묘사하고 다룰 수 있게 된다. 자신의 감정을 이해하고, 그 감정과 관계를 맺는 방식이 달라진 것을 느끼게 될 것이다. 스트레스를 받지 않는다는 말이 아니다. 자신의 감정을 훨씬 정확하게 묘사하고, 도망가거나 회피하고 싶은 충동을 통제할 수 있다는 뜻이다.

# 중도를
# 지키자

## 알아야 할 사실

이번에는 과도하게 민감한 반응을 줄이고 일상생활에서 더욱 균형 잡힌 관점을 유지할 수 있도록 도와주는 활동을 찾아본다.

최근에 감정이 크게 동요한 상황이나 사건을 떠올려보

자. 만약 그 일에 과잉 반응했다면 어떻게 됐을지 상상해본다. 그리고 중도를 지키면서 그 일을 이야기해본다. 판단하거나 덧붙이지 말고, 감정을 배제하고 사실만 기술한다. 그런 다음 이 중도의 시각을 깨우쳐줄 생활 속 활동은 무엇이 있는지 생각해본다. 종교 활동, 그룹 요가나 명상, 자기 수양과 정신력에 집중하는 스포츠 참여 등이 포함된다.

## 실천 방법

자기 자신 또는 타인에게 과잉 반응할 만한 상황이 닥쳤을 때 중도를 지킬 수 있도록 미리 계획을 세운다. 힘든 사건이나 상황, 관계를 떠올리면서 다음 질문에 답해보자.

1. 과도하게 반응한다면 어떻게 될까?
2. 중도를 지키면 어떻게 될까?
3. 인생 전반에서 중도를 지킨다면 어떤 면에서 도움이 될까?

감정적으로 반응하고 평가하는 대신 중도를 지키면 어

떻게 될까? 괴로운 마음이 아주 조금이라도 덜어지는 기분이 드는가? 중도를 지키려고 노력하면 상황에 유연하게 대처하기 수월해진다는 것이 느껴지는가? '사소한 일'에 과잉 반응하지 말고 정신적인 에너지를 아낄 수 있도록 훈련해 보자.

# 긍정적인 감정 경험 만들기

## 알아야 할 사실

인생의 여러 순간을 긍정적으로 받아들이겠다는 목표를 세우고 실천하면, 일상생활에서 다양한 방식으로 긍정적인 감정을 끌어낼 수 있다. 주어진 하루하루를 똑같이 살 필요는 없다. 무언가에 들이는 시간, 빈도, 하려는 일 모두 각자 원하는 대로 다채롭게 바꿀 수 있다.

## 실천 방법

아래에 긍정적인 감정 경험을 위한 실천 목록이 나와 있다.
매일 한 가지를 골라서 목표로 세우고 실천해보자.

- 깨달음을 주는 감각 경험 활용하기(장미 냄새 맡기, 오렌지를 천천히 음미하며 먹기, 해지는 모습을 주의 깊게 관찰하기, 5분간 복식 호흡하기 등).
- 감사하기(친절하게 대해준 사람에게 감사하기, 살면서 경험한 고마운 일들 떠올리기 등).
- 사람들을 다정한 태도도 대하기(다른 사람을 위해 문 열어주기, 동료에게 아무런 의도 없이 커피 한 잔 사기 등).
- 유대감 느끼기(종교 모임에 참석하기, 친구와 점심 먹기, 배우자와 손잡고 걷기 등).
- 연민 느끼기(5분간 연민을 갖고 명상하기, 도움이 필요한 사람 도와주기, 아주 사소한 것이라도 최근에 저지른 실수를 떠올리고 스스로

용서한 후 어떤 기분이 드는지 관찰하기 등).

- 놀기(아이들과 함께 뛰어놀기, 연인이나 배우자와 영화 보기, 연인이나 배우자, 아이와 서로 간지럽히며 놀기 등).

- 가치 있는 일 하기(연인이나 배우자와 자리에 앉아서 오늘 하루를 어떻게 보냈는지 이야기하기, 20~30분간 운동하기, 가족 모두를 위해 건강한 식사 준비하기).


선택한 활동을 실천하면서 긍정적인 감정이 생겼는가? 그 일을 한다는 상상만으로도 내면에서 긍정적인 기분을 느꼈는가? 그런 활동이 바로 긍정적인 기분을 경험할 가능성이 큰 활동이다. 각각의 활동을 활용하기 좋은 때를 파악할 수 있었는가? 각자의 생활 방식에 맞게 얼마든지 조정해도 좋다. 하지만 때로는 일상생활에서 늘 하던 일과 일상의 한 부분으로 만들고 싶은 일 사이에서 우선순위를 정해야 한다. 많은 사람이 해야 하는 일들을 전부 끝낸 다음에야 재미있는 일을 하거나, 푹 쉬거나, 자기 성찰의 시간을 가져야 한다고 생각한다. 그건 함정이니 속지 말자. 민감한 마음은 지켜야 할 규칙을 쓸데없이 많이 세우곤 하니까.

# 규칙적으로 일어나자

## 알아야 할 사실

잠이 시간 낭비라고 생각하는 사람이 많지만 우리 대부분은 뇌가 필요로 하는 만큼 잠을 충분히 자지 않는다. 잠은 깨어 있을 때 하는 일들의 영향을 받는 섬세한 구조물과 같다. 긍정적인 변화 한 가지가 다른 긍정적인 변화로 이어지는 상승 곡선을 만드는 경우가 있다. 수면의 질이 좋아지면 삶의 질 또한 좋아지는 것이 좋은 예다.

수면의 질은 '생체 주기 리듬'이라 불리는 우리 몸의 화학적인 변화에도 영향을 받는다. 이 주기는 허기와 각성도, 체온 등 수많은 기능을 조절한다.

수면의 질은 잠들고 깨어나는 흐름이 이 24시간 생체 주기 리듬과 일치할 때 가장 좋다. 하지만 안타깝게도 현대 사회에는 방해 요소가 너무 많다. 첫 번째는 어두워야 할 때도 밝은 빛을 보면서 생활한다는 것이다. 해가 지면 생체 주기 리듬에 따라 뇌에 이제 밤이고 잠들 준비를 시작해야 한다는 메시지가 전달된다. 이때 불이 환하게 켜져 있으면 뇌는 아직 낮이라고 생각한다(생체 주기는 전구가 발명되기 훨씬 오래전부터 진화한 기능임을 잊지 말자). 그 결과 생체 주기 리듬이 바뀐다. 전등, 텔레비전 화면, 컴퓨터 화면, 휴대전화도 생체 주기 리듬을 바꿀 수 있는 광원에 포함된다.

규칙적으로 잠들고 깨어나기가 힘들다면 수면 위생을 개선해보자. 잘 자면 기분도 더 좋아질 것이다.

# 실천방법

---

- 해가 지면 밝은 빛을 피하자. 컴컴한 채로 지낼 필요는 없지만 잘 시간이 가까워지면 너무 밝은 전등은 끄자. 컴퓨터 모니터도 밝기를 줄이자. 잘 시간에는 어떠한 화면도 보지 않는 것이 좋다. 잠자리에 들 때는 침실이 아주 어두워야 한다. LED 조명이 포함된 전자기기가 침실에 있는 것만으로 수면에 방해가 될 수 있다. 그런 기기는 다른 방에 두거나 LED를 가리자.

- 걱정되는 일이 있다면 글로 쓰자. 앞에서 설명한 대로 무언가를 걱정할 때는 계획을 세울 때처럼 뇌의 전전두엽 피질이 활성화되어 잠드는 데 방해가 된다. 자려고 누웠는데 걱정이 떠오르거나 계획을 세워야 하는 일이 생각나면 일어나서 글로 쓰자. 머릿속의 생각을 종이 위에 옮긴 후에는 잊어버리자.

- 잠자는 환경을 편안하게 만들자. 뇌가 차분하게 진정되어야 수면의 질이 높아진다. 불편함을 느끼면 뇌의 스트레스 반응이 활성화된다. 침실이 너무 춥거나 더운 경우, 또는 지나치게 밝거나, 시끄럽거나, 불쾌한 냄새가 나는 경우 의식적으로 느끼지 못하더라도 수면에 방해가 될 수 있다. 완전히 없앨 수 없는 소음이 있다면 선풍기 돌아가는 소리처럼 백색소음을 활용하면 뇌에 부

담이 덜 된다.

- 낮에는 밝은 곳에서 지내자. 낮 시간대를 환한 곳에서 보내면 생체 주기 리듬 조정에 도움이 되며 수면의 질이 개선된다.

낮에는 몇 분이라도 시간을 내서 해를 쬐며 산책하자. 세로토닌 분비량을 늘리고 통증을 줄이는 부수적인 효과도 얻을 수 있다. 세로토닌의 영향을 조사한 한 연구에 따르면 척추 수술 후 회복 중인 환자가 밖에 나가 해를 쬐면 스트레스가 줄고 진통제를 덜 필요로 했다.[°] 창문이 가까이에 없는 곳에서 생활하거나 도저히 밖에 나갈 수 없는 상황이라면 최소한 해가 떠 있는 시간대에는 불이 환하게 켜진 환경에서 지내자.

°  Walch 연구진, 2005.

# 비상 계획을 세우자

## 알아야 할 사실

심하게 우울할 때는 생각을 명료하게 하지 못할 수 있고, 생각이 명료하지 않을 때는 자신을 적절히 돌보지 못할 수 있다. 그러므로 기분이 괜찮을 때 비상 계획을 세워두자. 생각이 명료하지 않을 때도 자신을 안전하게 지키는 효과적인 도구로 활용할 수 있다.

아래 조던의 감정 비상 계획을 살펴보자.

- **1단계:** 기분을 우울하게 만드는 건 뭐가 됐든 그만 생각하자. 지금 당장 그래야 한다. 기분이 좋아지는 것으로 마음을 돌려보자.
- **2단계:** 생각을 명료하게 할 수 있도록 심호흡을 몇 번 하자.
- **3단계:** 살면서 있었던 좋은 일들을 쭉 써보자. 뭐든 떠오르는 대로 다 쓴다.
- **4단계:** 과거에도 힘든 일을 겪었지만 이겨내고 잘 지내왔다는 사실을 잊지 말고 상기하자.
- **5단계:** 지금 이 기분도 일시적이며, 지나갈 것임을 기억하자.
- **6단계:** 엄마, 가장 친한 친구 린지, 세라 이모, 상담 선생님께 지금 기분이 어떤지 이야기하자.

조던은 이 계획을 세운 후, 네 장을 복사해서 한 장은 사무실에 붙이고 한 장은 지갑에 넣고 다닌다. 또 한 장은 침실 서랍장 위에 붙였고, 나머지 한 장은 엄마에게 드렸다. 일단 계획을 세운 것만으로도 우울한 감정에 빠져 마음이 힘들 때, 스스로를 해치지 않고 이겨낼 수 있으라는 자신감이 생겼다.

## 실천 방법

위의 예시를 참고해서 우울한 감정을 떨치는 데 도움이 되는 활동과 심하게 우울할 때 도움을 청할 수 있는 사람들의 목록을 써보자. 감정적 비상 상황에 대비한 나만의 계획을 세우고, 여러 장 복사해서 필요할 때 바로 활용할 수 있는 곳에 두자.

## 추가로 시도해보기

- 자신에 관해, 그리고 인생에서 겪은 사건들이 자신에게 준 영향에 관해 생각해본다. 감정 비상 계획이 유용하게 쓰일 만한 상황을 전부 써보자.

- 그런 상황을 믿을 수 있는 사람에게 이야기하자. 비상 상황이 닥쳤을 때 어떻게 대처할 것인지도 함께 전한다. 그리고 최소 두

사람에게 감정 비상 계획을 알리고, 비상 계획에도 그 사람들의 이름을 쓴다. 상대방에게는 왜 당신을 계획을 공유할 사람으로 선택했고 어떤 도움을 받길 원하는지 설명한다.

- 잠시 자리에 앉아서 조용히 눈을 감는다. 기분이 심하게 우울할 때를 떠올려본다. 그리고 감정 비상 계획을 실천하는 모습을 상상해보자. 당신이 선택한 방법을 하나씩, 어떻게 실천할지 단계별로 자세히 그려본다. 도움을 구하고, 이 계획 덕분에 위로를 얻는 모습도 상상한다. 기분이 더 나아진 자신을 떠올려보자.

# 5부

# 마음이 힘들 때 잊지 말아야 하는 것들

# 거부당한 기분이 들 때

## 알아야 할 사실

우울증이 있든 없든 다른 사람들이 스트레스와 불안감의 원인이 되는 경우가 있다. 인간의 뇌는 타인이 자신을 어떻게 생각하는지 신경 쓰도록 만들어졌다. 그래서 평가받거나 거부당한 기분이 들면 마음이 괴로워진다. fMRI로 뇌의 활성도를 측정해서 특정 기능이 뇌의 어느 영역에서 발휘되는지 찾는 연구에서, 사회적인 소외감을 느낄 때 활성화되는 뇌 영역이 신체적 통증을 느낄 때 활성화되는 영역과 동일하다는 사실이 밝혀졌다.[○] 사람들은 뜨거운 난로에 데지 않으려 하는 것과 같은 이유로 사회적인 소외를 피하려 한다. 아프니까!

흥미로운 사실은 자존감이 낮은 사람은 자존감이 평균 수준이거나 평균보다 높은 사람보다 뇌의 전측 대상회(감정, 특히 슬픔과 관련 있는 영역)가 더 크게 활성화된다는 점이다. 이는 그들의 뇌가 사회적인 거부에 더욱 민감하게 반응한다는 것을 암시한다.[○○] 우울증인 경우에도 뇌가 사회적 거부를 더욱 민감하게 받아들이고 스트레스 반응이 더 강하게 나타난다. 그렇다고 사회적 거부에 민감하게 반응하는 것이 반드시 나쁜 것만은 아니다. 그러한 민감함 때문에 우리는 다른 사람을 배려하려고 노력하고, 결과적으로 집단 전체의 조화로움이 커진다. 하지만 누군가 자신을 거부한다

○   Eisenberger, Jarcho, Lieberman and Naliboff, 2006.
○○  Onoda et al., 2010.

고 느끼면, 그 순간에는 기분이 한없이 가라앉을 위험이 있다. 뇌가 위협에 민감하게 반응하여 그렇게 느꼈지만 실제로는 거부당한 것이 아닌 경우도 마찬가지다.

자신이 상처받을 수 있는 상황에서 때때로 혼자 있고 싶다고 느끼는 건 당연한 반응이다. 이는 그런 상황에 대처하려는 합당한 기전이며, 적당한 선까지는 문제가 되지 않는다. 하지만 스트레스를 느낄 때 아이스크림을 먹는 것처럼, 혼자 있으면 잠시 기분이 나아질 수는 있지만 문제가 해결되지는 않는다. 기분이 우울할 때 혼자 있고 싶다면, 그것이 정말 건강한 대처 방식인지 생각해보자. 즉 당장은 감당하기가 버거워서 혼자 있으면서 마음을 추스려 스스로 이겨내려는 것인지, 아니면 실제로는 거부당한 게 아닌데 혼자 오해하고 방어적으로 반응하는 건지 살펴봐야 한다.

## 실천 방법

거부당한 경험을 떠올려보자. 누구나 거부당했다고 오해하는 일이 종종 있다. 예를 들어 친구에게 메시지를 남겼는데 답장이 오지 않는다고 해보자. 그럴 때 친구가 내게 상처를 주려고 그런다거나, 더 이상 나를 신경 쓰지 않는다고 생각하기 쉽지만 정말로 그런 이유로만 답장이 늦는 건 아니다. 차라리 너무 바빠서 잊었거나, 메시지를 아예 못 봤을 가능성이 더 크다. 다른 가능성을 생각하면 우리 뇌의 내측 전전두엽 피질이 활성화되고, 변연계(행동 또는 감정 반응과 관련된 영역)의 조절 기능이 개선되어 기분이 한결 나아진다. 때로는 친구에게 왜 답을 안 했느냐고 직접 물어보고 상황을 파악하는 것이 도움이 되기도 한다. 기분이 안 좋거나 우울할 때 사회적인 거부감을 더 심하게 느낀다는 점도 기억해둘 필요가 있다. 나빠 보이는 일이 실제로는 그렇게 나쁘지 않을 수도 있다.

# 계절성 정동장애가 찾아올 때

## 알아야 할 사실

많은 사람이 구름 낀 컴컴한 날보다 햇살이 환히 비치는 밝은 날을 더 좋아한다. 그런데 빛의 양에 아주 민감해서 날씨에 유독 심하게 영향을 받는 사람들이 있다. 어둑한 겨울철이면 극도로 우울해지는 사람 중에는 계절성 정동장애[SAD]를 않는 사람도 있다. 증상이 심하지 않은 경우에는 '겨울철 우울감'이라고 불린다.

빛과 어둠에 노출되는 정도는 우리 몸에 영향을 준다. 수면에 영향을 주는 화학물질인 멜라토닌은 어두울 때 더 많이 생성된다. 그리고 기분에 영향을 미치는 화학물질인 세로토닌은 빛이 있을 때 더 많이 생성된다. 어떤 사람들은 겨울철에 일조량이 줄어 멜라토닌 형성이 증가하고, 세로토닌 분비가 감소하면 우울감을 느낀다. 이러한 계절성 정동장애 증상으로는 우울감, 초조함, 에너지 부족, 수면량 증가, 단 음식에 대한 갈망, 과식, 체중 증가, 집중력 저하 및 사회적 활동에 관한 흥미 감소 등을 들 수 있다. 이러한 증상은 초가을부터 시작되어 1월과 2월에 가장 심해졌다가 봄이 되면 사그라든다.

## 실천 방법

---

계절성 정동장애나 겨울철 우울감을 겪을 때는 아래와 같은 방법이 도움이 될 수 있다.

- 계절성 정동장애와 겨울철 우울감이 어떤 문제인지 스스로 인지하고 친구와 가족 들에게도 알리자.

- '빛 치료'라고도 불리는 광선요법을 받아보자. 특수 상자에 들어가 환한 빛을 쬐면 우울증 증상이 줄어드는 사람도 있다.

- 와트 수가 높은 전구나 풀 스펙트럼(전 파장) 전구를 사용하자.

- 밖에서 보내는 시간을 늘리고, 창문과 문에 걸어둔 두꺼운 커튼은 걷어내자. 창문 근처에 더 오래 있을 수 있도록 공간을 재배치하고, 공공장소에서는 창가에 앉는 등 태양광에 몸을 더 많이 노출할 수 있는 방법을 찾아보자.

- 규칙적으로 운동하자. 가능하면 밖에서 운동하고, 실내에서 운동할 때는 창문 근처에서 하자.

- 학생인데 집중하기가 힘들다면 학교에서 공부에 도움을 받을 수 있는 방법이 있는지 찾아보자.

- 신체 에너지를 높이고 건강을 유지할 수 있도록 영양가 있는 음식을 먹자.

- 규칙적으로 자려고 노력하고, 낮에는 최대한 깨어 있자.

- 기상 시각 30분 전에 침실 조명이 미리 켜지도록 설정해두면 아침에 일어나기가 수월하다.

- 휴가는 따뜻하고 해를 많이 쬘 수 있는 환경에서 보내자.

마음이 힘들 때 잊지 말아야 하는 것들

- 상담사를 만나 기분에 대해 이야기하고 건강하게 이겨내는 방법을 배우자.

## 추가로 시도해보기

일조량 변화에 자신이 어느 정도로 영향을 받는지 알아보자. 아래 항목에 관한 겨울철 자신의 상태를 1점에서 5점 범주로 평가해본다. 가장 높을 때나 가장 많을 때 5점을 주면 된다.

| | 1 | 2 | 3 | 4 | 5 |
|---|---|---|---|---|---|
| 신체 에너지 | | | | | |
| 수면 시간 | | | | | |
| 우울감 | | | | | |
| 초조함 | | | | | |
| 생산성 | | | | | |
| 허기 | | | | | |
| 먹는 양 | | | | | |

| 체중 증가 폭 |
| --- |
| 집중력 |
| 사회적 활동에 대한 의욕 |
| 전반적인 행복감 |

평가가 끝나면 다시 살펴보면서 3점 미만인 항목에 표시해보자. 그 항목을 겨울철 기분 변화의 지표로 삼을 수 있다.

이 책의 앞부분에서 배운 건강한 대처 전략을 몇 가지 실천해보자. 계절성 정동장애에 어떤 방법이 가장 도움이 될지 생각해본다.

# 우울해서 다른 사람을
# 배려하기 힘들 때

## 알아야 할 사실

누구에게나 대인 관계를 가로막는 방해 요소가 있다. 그러한 요소가 생기는 이유도 다양하고, 얼마나 영향을 미치는지도 제각각이다. 일시적으로 영향을 주는 것도 있지만 오래 지속되는 것도 있다. 우울증은 영향이 오래 지속되는 방해 요소 중 하나다.

연인이나 배우자가 유의한 우울감을 경험하면 상대방도 스트레스를 느낄 가능성이 크다. 하지만 우울증이 생기기 전과 후의 관계 양상은 비슷한 경우가 많다. 예를 들어 말싸움과 다툼은 관계가 삐걱대는 연인에게서 흔히 나타나는 일이며, 우울증이 없어도 생기는 문제다.° 대인 관계를 가로막는 방해 요소가 결혼한 관계에서 발생하는 경우, 이러한 마찰 때문에 서로에게 적개심을 느끼거나 애정이 사라지는 반응이 나타날 수 있으며 주요 우울증이 뒤따를 가능성도 있다.°°

다른 사람들에게 공감하고 더 끈끈한 유대감을 형성하려고 노력하면 이러한 파괴적인 패턴을 깰 수 있다. 대인 관계를 가로막는 방해 요소가 무엇인지 인지하는 것도 상황을 악화시키는 대신 상대와 더 공감하는 방향으로 행동할 기회를 열어준다. 중대한 변화가 대부분 그렇듯, 심한 갈등 관계가 서로 공감하는 관계로 바뀌려면 많은 시간과 노력이 필요다. 하지만 노력한다면 분명히 가능한 일이다.

°    Jackman–Cram, Dobson and Martin, 2006.

°°   Gotlib and Hammen, 1992.

대니는 아내를 진심으로 사랑해서 결혼했지만, 어느날부터 아내를 증오하기 시작했다. 이혼까지 하고 나서야 실수였을지 모른다는 생각이 들었다. 대니는 양극성 우울증의 경향이 있었다. 우울증은 난데없이 생긴 것 같았지만 지나온 삶을 돌아보니 이직이나 이사, 이혼 등 인생의 중대한 변화마다 나타났다.

대니는 자신을 연민의 마음으로 공감하며 바라보았다. 기분이 우울할 때면 지각력과 사고 능력이 왜곡되곤 했다는 사실도 받아들였다. 그는 계획을 세워 일상생활을 안정시켰다. 우울할 때는 비정상적인 패턴에서 벗어나기 위해 중요한 변화와 관련된 판단을 보류하기로 했다. 그리고 주변 사람들과의 관계를 지키기 위해 다음 다섯 가지 조치를 실행했다.

- 관계에서 공감의 다리를 만들 기회를 찾아본다. 예를 들어 지금 우울증을 앓고 있다면 우울증에서 벗어나기까지 시간이 오래 걸릴 수 있음을 인정해야 한다. 이런 사실을 인정하면 좌절감을 느끼는 사람에게 좀 더 쉽게 공감할 수 있다.
- 자신에게 중요한 의미가 있는 사람들과 관계를 유지할 수 있는

기회를 마련하자. 가장 중요한 사람 세 명을 꼽는다면 누구인가? 그들에게 더 다가가기 위해 무엇을 할 수 있을까? 예를 들어 특별한 날 상대방의 취미나 관심사에 맞는 선물을 보내보자. 날짜를 정해서 함께 점심을 먹는 것도 좋다. 간단히 이메일로 어떻게 지내는지 안부를 묻는 것도 좋은 방법이다.

- 기분이 우울할 때 곁에 있어주는 사람들에게 그들의 노력을 잘 알고 있으며 감사하고 있음을 전달하자. 우울증으로 상태가 안 좋을 때 다가가면 반기지 않을 것임을 잘 알기에, 자주 눈치를 봐야 하는 사람들이 얼마나 난감할지 생각해보자. 주변에 항상 힘이 되어 주는 사람들이 있다면, 그들의 노력이 당신이 느끼는 행복에 얼마나 도움이 되는지 인정하자. 그러면 힘든 시간을 보낼 때 모두가 좀 더 수월하게 고비를 넘길 수 있다.

- 주변 사람들에게 더 원활한 소통을 위해 내가 노력할 수 있는 점이 있는지 물어보고 피드백을 얻자.

- 주변 사람들과의 관계를 발전시키자. 아주 조금이라도 좋다. 다른 사람과의 유대감에 변화를 가져올 수 있는 아이디어를 떠올려보자. 다른 사람과 어느 정도까지 잘 지낼 수 있는지 자신의 한계를 시험하고 그 경계에 좀 더 오래 머물러보자. 다른 사람을 배려하느라 당신이 편안하다고 느끼는 안전지대에서 벗어날 때

어떤 기분이 드는지도 살펴보자. 시간이 지나면 다시 사회적으로 유대감이 형성된 기분을 느끼게 될 것이다.

위의 다섯 가지 방법은 당신이 당신 자신을 비롯해, 인생을 함께하는 사람들과 관계를 이어줄 다리를 찾는 데 도움이 된다. 특히 우울증으로 연인이나 친구, 동료에게 마음과 달리 친절하게 대하기가 어려울 때 활용하면 주변 사람들과 우울증에 좀 더 수월하게 대처할 수 있을 것이다.

## 실천 방법

유독 스트레스가 심한 관계가 있다면, 공감 능력을 활용해 대인 관계를 가로막는 방해 요소를 찾고 바로잡자.

1. 방해 요소가 생긴 이유를 찾아본다.
2. 바로잡을 수 있는 기회가 있는지 살펴본다.
3. 상대에게 원하는 것이 무엇인지 설명한다.
4. 협력을 요청한다.

5. 함께 문제를 해결하여 관계를 발전시킨다.


    필요하면 종이에 느낀 점을 써보고 다음 단계를 계획한다.

# 삶에 변화가
# 찾아올 때

## 알아야 할 사실

삶을 변화시킬 일과 맞닥뜨리면 어느 정도 불편한 기분이 든다. 긍정적인 변화일지라도 마찬가지다. 어떤 변화든 적응하려면 시간과 에너지가 든다. 이때 변화에 대처하는 건강한 방법을 익혀두면 그 불편함이 우울감으로 바뀌지 않고 신속히 사라진다.

우리는 살아 있는 한 반드시 변화를 경험한다. 변화는 인생의 자연스러운 일부다. 세상은 변하도록 만들어졌다. 계절도 변하고, 날씨도 변하고, 살아 있는 모든 것은 성장하고 발전하며 일생 동안 계속 변화한다.

변화에 적응하려면 새로운 방식으로 생각하고 행동해야 하고 그러려면 시간과 에너지가 든다. 여분의 시간과 에너지가 필요하다는 사실을 이해했다면 단번에 뚝딱 변화에 적응할 수 없다는 사실도 이해할 것이다. 그 점이 다소 마음에 안 들 수도 있지만, 그것도 자연스러운 현상이며 다 지나간다. 불만에 집중하지 말고 변화를 헤쳐 나갈 수 있도록 자신을 돕는 일에 집중하자.

## 실천 방법

아래 변화를 겪을 때 건강하게 대처하는 데 도움이 될 만한 방법들이 나와 있으니 무엇이든 골라서 실천해보자. 에너지를 보존하거나 만들어내는 방법도 있고, 붙들려 있으면 힘든 우울한 기분을 흘려보내는 방법도 있다.

- 잠을 충분히 잔다(에너지 만들기).
- 몸에 좋은 음식을 먹는다(에너지 만들기).
- 신선한 공기를 쐰다(에너지 만들기).
- 운동을 한다(에너지 만들기, 우울한 기분 흘려보내기).
- 말이나 글로 기분을 표현한다(우울한 기분 흘려보내기).
- 자신과 현재 상황의 긍정적인 면에 집중한다(우울한 기분 흘려보내기).
- 결국에는 지금보다 나아질 것임을 상기한다(우울한 기분 흘려보내기).
- 즐거운 일을 한다(우울한 기분 흘려보내기).
- 웃는다(에너지 만들기, 우울한 기분 흘려보내기).

최근에 일어난 사건을 하나 떠올려보자. 종이에 위의 대처법을 어떻게 활용했는지, 또는 활용할 수 있었는지 써보고 어떤 도움이 되었는지도 함께 써본다.

**사건 :**

- 잠 :

- 몸에 좋은 음식 :

- 신선한 공기 :

- 운동 :

- 기분 표현 :

- 긍정적인 면에 집중하기 :

- 지금보다 나아질 것임을 상기하기 :

- 즐거운 일 하기 :

- 웃기 :


이제 가까운 미래에 생길 일을 생각해보자. 위의 대처 법을 어떻게 활용하면 그 일에 도움이 될지 써보자.

# 약물에
# 기대고 싶을 때

## 알아야 할 사실

어떤 사람들은 우울한 기분에서 벗어나고픈 마음이 너무도 절박한 나머지, 술이나 불법 약물처럼 기분을 바꿔주는 물질을 이용한다. 안타깝게도 이러한 물질이 뇌에 영향을 주는 방식은 결국 우울증을 악화시킨다. 알코올과 불법 약물은 문제를 더 키울 뿐이다.

술이나 약물로 기분을 나아지게 만드는 것은 처음에는 효과가 괜찮다고 느껴질 수 있다. 하지만 시간이 지나면 반드시 처음보다 기분이 더 나빠진다. 이러한 물질을 반복해서 사용하면 뇌의 수용체가 망가지고 신경전달물질로 알려진 뇌의 메시지 전달물질도 파괴되기 때문이다.

신경전달물질은 뇌 신경세포 간에 오가는 메시지 전달을 돕는 화학물질이다. 그중에는 기분을 조절하는 것도 있다. 알코올과 약물을 이용하면 이러한 신경전달물질이 손상되고, 그렇게 되면 술이나 약에 기대기 전보다 기분이 더 우울해질 수 있다.

술과 약물은 성적이 떨어지고, 가족이나 사회적인 관계에서 불화를 겪고, 집중력이 감소하고, 신체 에너지가 저하되는 등 우울감을 키우는 상황과 행동의 원인이 되기도 한다. 음주 운전을 하거나 약물을 투여하면 체포될 위험이 있고, 정말로 그런 일이 벌어지면 우울감을 키우는 인생의 또 다른 큰 사건이 된다. 우울하고 기분이 저조할 때 술과 약물은 '신속한 해결책'이라 여겨지는 경우가 많지만 사실상 아무것도 해결해주지 않는다.

마음이 힘들 때 잊지 말아야 하는 것들

우울증에 대처하려고 이러한 물질을 이용했고 이미 문제가 되었다면, 마음을 진정시키고 문제에 대처할 다른 방법을 찾으려고 노력해야 한다.

## 실천 방법

문제를 단시간에 해결할 방법을 찾은 적이 있는지 생각해보자.

그 방법으로 문제를 영원히 해결할 수 있었나? 문제를 해결하려면 정말로 필요한 건 무엇인가?

가족이나 친구가 어떤 상황에서 문제를 단시간에 해결하려고 하는지 생각해보자. 그 방법으로 문제를 영원히 해결했는지도 생각해본다.

문제를 해결하려면 정말로 필요한 건 무엇인가? 단시간에 문제를 해결해줄 것 같은 방법이 사실 문제를 해결해주지 못한다는 사실을 알면서도 사람들이 그런 방법을 쓰려고 하는 이유는 무엇이라고 생각하는가? 술이나 약물은 어떻게 결국 우울한 기분을 더 우울하게 만드는가?

# 도움이 될 만한 추가 자료

인지행동요법[CBT] 훈련을 받은 전문가의 도움이 필요할 때 아래의 사이트에서 정보를 얻을 수 있다.

- **한국인지행동치료학회(kacbt.org)**

  정신건강 관련 분야 석사 학위 혹은 전문의를 취득하고, 최소 2년 이상의 인지행동치료 기반 임상 경력을 가지며, 학회에서 정한 자격 기준을 갖추고 시험을 통과한 인지행동치료전문가를 확인할 수 있다. '인지행동치료전문가 명단'을 참고하라.

- **한국임상심리학회(www.kcp.or.kr)**

  석사 및 그 이상의 학위를 임상심리학 전공으로 취득하고, 심리

평가 및 치료 수련 과정을 이수한 후 자격시험에 합격한 임상심리전문가에게서 인지행동치료 기반 심리치료를 받을 수 있다. '전문가 찾기' 항목을 참고하라.

그 밖의 상담을 원하거나 정신건강 정보가 필요한 경우 아래 사이트를 참고할 수 있다.

- **(사)한국상담심리학회(krcpa.or.kr)**

  상담 관련 석사 학위 이상을 취득하고 최소 3년 이상의 수련과정 및 자격 심사를 통과하여 개인 상담 및 집단 상담, 심리평가, 상담사 교육지도와 자문이 가능한 상담심리사 1급 전문가를 지역별로 찾아볼 수 있다. '상담심리사 찾아보기' 항목을 참고하라.

- **한국트라우마스트레스학회(kstss.kr)**

  다학제 전문가로 구성된 트라우마 스트레스 학회로, 개인 혹은 집단의 트라우마에서 비롯된 심리적 문제 및 대처 방안에 대한 다양한 정보를 제공한다.

- **대한불안의학회**(www.anxiety.or.kr)

  불안장애는 물론 불안과 관련된 학문적·임상적 발전을 도모하는 학회로, 각종 불안 및 불안장애를 연구하고 신기술 개발, 학술대회 개최 및 학술지 발간을 주관한다.

- **대한우울조울병학회**(www.thesad.or.kr)

  다학제 학문을 통해 우울장애, 양극성장애에 대해 연구하는 학회로, 발전된 임상진료기준을 제안하고, 《한국형 우울장애 약물치료 지침서》《한국형 양극성장애 약물치료 지침서》 등을 주기적으로 발간한다.

- **한국생명존중희망재단**(www.kfsp.org)

  '센터 찾기' 항목에서 각 지역에 설치된 자살예방센터 정보를 확인할 수 있다. 정신건강 및 자살예방과 관련한 자료들을 제공한다.

- **한국자살예방협회**(www.suicideprevention.or.kr)

  '관련 기관' 항목에서 24시간 이용 가능한 상담 전화, 지역별 자살예방센터, 아동·청소년 관련 기관, 가족지원서비스, 중독 관련 기관 등의 정보를 찾아볼 수 있다. 해당 정보에 포함된 핫라인 중 일부는 다음과 같다.

**– 보건복지부 보건복지상담센터(www.129.go.kr)**

24시간 자살 예방 상담 전화: 1393

**– 한국생명의전화(www.lifeline.or.kr)**

24시간 자살 상담 및 사이버 상담: 1588-9191

**– 청소년 사이버상담센터(www.cyber1388.kr)**

24시간 전화 상담: (유선전화) 1388/ (휴대전화) 지역번호 +1388

(문자 혹은 카카오톡) 1388으로 문자 혹은 1388 채널과 카카오톡 친구 맺기

**– 정신건강 상담 전화**

24시간 정신건강 상담: 1577-0199

Armitage, C. J., P. R. Harris, G. Hepton, and L. Napper, 2008, "Self-Affirmation Increases Acceptance of Health-Risk Infor-mation Among UK Adult Smokers with Low Socioeconomic Status", *Psychology of Addictive Behaviors* 22: 88–95

Brown, F., W. Buboltz, and B. Soper, 2002, "Relationship of Sleep Hygiene Awareness, Sleep Hygiene Practices, and Sleep Quality in University Students", *Behavioral Medicine* 27: 33–38.

Eisenberger, N. I., J. M. Jarcho, M. D. Lieberman, and B. D. Naliboff,. 2006, "An Experimental Study of Shared Sensitivity to Physical Pain and Social Rejection", *Pain* 126: 132–138.

Epley, N., J. Schroeder, and A. Waytz, 2013, "Motivated Mind Perception Treating Pets as People and People as Animals", In S. J. Gervais(Ed.), *Objectification and (De)Humanization*, New York:

Springer.

Epton, T., and P. R. Harris. 2008, "Self-Affirmation Promotes Health Behavior Change." *Health Psychology* 27: 746−752.

Field, T., M. Hernandez-Reif, M. Diego, S. Schanberg, and C. Kuhn, 2005, "Cortisol Decreases and Serotonin and Dopamine Increase Following Massage Therapy", *International Journal of Neuroscience* 115: 1397−1413.

Froh, J. J., C Yurkewicz, and T. B. Kashdan, 2009, "Gratitude andsubjective well-being in early adolescence Examining gender differences", *Journal of Adolescence* 32: 633−650.

Gotlib, I. H., and C. L. Hammen, 1992, *Psychological Aspects of Depression Toward a Cognitive-Interpersonal Integration*, Oxford, England: John Wiley and Sons.

Heller, W., and J. B. Nitschke, 1997, "Regional Brain Activity in Emotion: A Framework for Understanding Cognition in Depression", *Cognition and Emotion* 11: 637−661.

Irwin, M., C. Miller, G. C. Gillin, A. Demodena, and C. L. Ehlers, 2000, "Polysomnograhic and Spectral Sleep EEG in Primary Alcoholics An Interaction Between Alcohol Dependence and African-American Ethnicity", *Alcoholism Clinical and Experimental Research* 24: 1376−1384.

Jackman-Cram, S., K. S. Dobson, and R. Martin, 2006, Marital problem-solving behavior in depression and marital distress, *Journal of Abnormal Psychology* 115 (2): 380 – 384.

Joseph, N. T., H. F. Myers, J. R. Schettino, N. T. Olmos, C. Bingham-Mira, I. Lesser, et al., 2011, "Support and Undermining in Interpersonal Relationships Are Associated with Symptom Improvement in a Trial of Antidepressant Medication", *Psychiatry* 7: 240 – 254.

Leasure, J. L., and M. Jones, 2008, "Forced and Voluntary Exercise Differentially Affect Brain and Behavior", *Neuroscience* 156: 456 – 465.

Levenson, D., E. Stoll, S. Kindy, and R. Davidson, 2014, "A Mind You Can Count On Validating Breath Counting as a Behavioral Measure of Mindfulness", *Frontiers of Psychology: Consciousness* 120: 1 – 10.

Lund, I., Y. Ge, L.- C. Yu, K., Unväs-Moberg, J. Wang, C. Yu, et al., 2002, "Repeated Massage-Like Stimulation Induces Long- Term Effects on Nociception Contribution of OxytocinergicMechanisms", *European Journal of Neuroscience* 16: 330 – 338.

Nerbass, F. B., M. I. Feltrim, S. A. De Souza, D. S. Ykeda, and G. Lorenzi-Filho, 2010, "Effects of Massage Therapy on Sleep Quality After Coronary Artery Bypass Graft Surgery", *Clinics* (SaoPaulo) 65: 1105 – 1110.

Onoda, K., Y. Okamoto, K. Nakashima, H. Nittono, S. Yoshimura, S. Yamawaki, et al., 2010, "Does Low Self-Esteem Enhance Social

Pain? The Relationship Between Trait Self-Esteem and Anterior Cingulate Cortex Activation Induced by Ostracism", *Social Cognitive and Affective Neuroscience* 5: 385 – 391.

Pretty, J., J. Peacock, M. Sellens, and M. Griffin, 2005, "The Mental and Physical Health Outcomes of Green Exercise", *International Journal of Environmental Health Research* 15: 319 – 337.

Roehrs, T., and T. Roth, 2001, "Sleep, Sleepiness, Sleep Disorders and Alcohol Use and Abuse", *Sleep Medicine Reviews* 5: 287 – 297.

Reid, K. J., K. G. Baron, B. Lu, E. Naylor, L. Wolfe, and P. C. Zee, 2010, "Aerobic Exercise Improves Self-Reported Sleep and Quality of Life in Older Adults with Insomnia", *Sleep Medicine* 11: 934 – 940.

Sayal, K., S. Checkley, M. Rees, C. Jacobs, T. Harris, A. Papadopoulos, et al., 2002, "Effects of Social Support During Weekend Leave on Cortisol and Depression Ratings A Pilot Study", *Journal of Affective Disorders* 71: 153 – 157.

Tops, M., Riese, H., Oldehinkel, A. J., Rijsdijke, F. V., & Ormel, J., 2008, Rejection sensitivity relates to hypocortisolism and depressed mood state in young women, *Psychoneuroendocrinology* 33(5): 551 – 559.

Uvnäs-Moberg, K, 1998, "Oxytocin May Mediate the Benefits of Positive Social Interaction and Emotions", *Psychoneuroendocrinology* 23: 819 – 835.

Walch, J. M., B. S. Rabin, R. Day, J. N. Williams, K. Choi, and J. D. Kang, 2005, "The Effect of Sunlight on Postoperative Analgesic Medication Use: A Prospective Study of Patients Undergoing Spinal Surgery", *Psychosomatic Medicine* 67: 156 – 163.

옮긴이 제효영

성균관대학교 유전공학과와 성균관대학교 번역대학원을 졸업했다. 옮긴 책으로는
《과학이 사랑에 대해 말해줄 수 있는 모든 것》《과학은 어떻게 세상을 구했는가》
《유전자 임팩트》《대유행병의 시대》《피부는 인생이다》《신종 플루의 진실》《메스
를 잡다》《몸은 기억한다》 등이 있다.

# 우울에서 벗어나는
# 46가지 방법

첫판 1쇄 펴낸날 2023년 2월 6일
     2쇄 펴낸날 2023년 3월 22일

지은이 앨릭스 코브, 커크 D. 스트로살, 리사 M. 샤브, 윌리엄 J. 너스, 패트리샤 J. 로빈슨
옮긴이 제효영
발행인 김혜경
편집인 김수진
책임편집 임지원
편집기획 김교석 조한나 김단희 유승연 김유진 곽세라 전하연
디자인 한승연 성윤정
경영지원국 안정숙
마케팅 문창운 백윤진 박희원
회계 임옥희 양여진 김주연

펴낸곳 (주)도서출판 푸른숲
출판등록 2003년 12월 17일 제2003-000032호
주소 서울특별시 마포구 토정로 35-1 2층, 우편번호 04083
전화 02)6392-7871, 2(마케팅부), 02)6392-7873(편집부)
팩스 02)6392-7875
홈페이지 www.prunsoop.co.kr
페이스북 www.facebook.com/simsimpress    인스타그램 @simsimbooks

ⓒ 푸른숲, 2023
ISBN 979-11-5675-400-8(03180)